市民の考古学—17

東日本大震災と遺跡に学ぶ津波防災

斎野裕彦

同成社

はじめに

思い起こすと、東日本大震災があった日は、午後から宮城県図書館で仙台城の絵図を見せてもらっていた。それを終えて、同僚と車で駐車場を出ようと徐行していた時、突然、縁石に乗り上げたような上下動があって停車。何だろう。と思う間もなく車を揺する振動は続き、大きな地震だとわかった。揺れは数分続いただろうか。長かった。じっと、収まるのを待ちながら、遥か遠くで、断層が滑って生じたような衝撃が連続したのも足裏で感じられた。携帯電話は通信制限がかかって不通。車の外では、信号機や電柱が振れていて、近くにいた人は地面が揺れて歩けない。これまでに経験したことのない強く長い地震だった。

その間、車のラジオからは、震源域は宮城県沖で、高さ6mの津波が沿岸に押し寄せるという速報が流れていた。この地震は「東北地方太平洋沖地震」と名称づけられ、最大震度は7、放出したエネルギーの規模を示すマグニチュードは9.0で、マグニチュードの数値はそれまでの日本列島周辺の観測記録で最大となっている。当時、宮城県域では、37年程の間隔で発生が予測された「宮城県沖地震」への警戒が広がり、建物の耐震補強を進めるなど、2000年代になって徐々に防災意識は高まりを見せていた。しかし、発生したのは、それとは異なる想定外の地震だった。しかも、33年前の1978年の宮城県沖地震はマグニチュード7.4で、規模を比べると、マグニチュードは0.2増すごとに約2倍になっていくので、東北地方太平洋沖地震は、そのおよそ250倍という巨大地震だったのである。それに伴う津波も、宮城県沖地震に想定された高さは3mで、東日本大震災では、三陸沿岸で遡上高が20mを超え、仙台平野沿岸では高さ10mと、遥かに高い巨大津波だった。この津波は、各地の沿岸部で平野を遡上してかつてない甚大な被害をもたらし、その映像は深い悲しみとともに世界中で共有され、未だ2004年のインド洋津波の大災害も記憶に新しいなかで、地震・津波防災への取り組みを加速させることになる。

こうした低頻度で大規模な自然現象がもたらす災害は、有史以前の遠い過去にも起こっていたのだろう。それらを含め、忘れ去られたさまざまな災害を復元することによって、どのように人間の社会が災害に向き合ったのかを具体的に知り、それを防災に生かしていく必要がある。その点で、震災から10年を前にして、貢献が期待されるのは、個々の地域の災害の歴史を、伝承や文献史料によって知るだけでなく、地層中に残された痕跡から明らかにする研究である。それは、18世紀の中頃、イタリアのポンペイ遺跡（紀元79年のヴェスビオ火山の噴火災害痕跡）の発掘調査に始まり（金子1988)、現在では、世界各地に広がって大きな成果を社会に還元している。そのようななかで、津波災害の痕跡研究は、20世紀の終わり頃に北アメリカで始まったばかりで、東日本大震災以前には有効な調査研究方法は確立していなかった。しかし、大震災の津波が、その波の力で運搬して残していった物質、つまり「津波堆積物」を対象として、日本列島の太平洋沿岸各地で自然科学的な調査が行われ、それらの成果にもとづいた考古学的な調査研究方法が提示されており（斎野 2017a)、遺跡の発掘調査を通して過去の津波による災害の研究が進展してきている。

本書では、この新たな方法で実践した仙台平野の津波災害史の研究を紹介していき、明らかになった知見から今日的な津波防災を考えてみたい。

目　次

はじめに　i

序章　東日本大震災前後の研究 …… *1*

1．東日本大震災以前の津波痕跡研究　*1*

2．東日本大震災以後の津波痕跡研究　*7*

第１章　東日本大震災が教える津波痕跡 …… *13*

1．地層中から津波災害の痕跡を探す　*13*

2．東日本大震災以降の津波災害痕跡研究　*25*

3．総合化による津波災害史の構築　*28*

4．研究対象の歴史的・地形的環境　*32*

第２章　弥生時代：約 2000 年前の津波災害 …… *37*

1．沓形遺跡の調査　*38*

2．荒井広瀬遺跡の調査　*43*

3．荒井南遺跡の調査　*48*

4．中在家南遺跡の調査　*52*

5．富沢遺跡の調査　*56*

6．高田Ｂ遺跡の調査　*61*

7．中筋遺跡の調査　*64*

8．津波の規模と波源の推定　*67*

9．仙台平野の津波災害　*69*

10. 津波災害と社会　73

第3章　平安時代：貞観11年の津波災害 …………………… 79

1．平野北部の沼向遺跡の調査　79

2．平野中部の下増田飯塚古墳群の津波災害痕跡調査　88

3．『日本三代実録』の記事の検討　93

4．集落動態と貞観11年の津波災害の実態　119

第4章　江戸時代：慶長16年の津波災害 …………………… 129

1．高大瀬遺跡の調査　130

2．沼向遺跡と和田織部館跡の調査　131

3．文献史料の研究の現状　133

4．発掘調査成果と文献史料の取扱い　144

第5章　予測できない津波に備える …………………… 147

1．東日本大震災の津波と過去の津波の関係　147

2．災害考古学における津波災害　150

3．東日本大震災以降の津波防災　153

4．南海トラフ巨大地震と南海トラフ地震　157

5．予測できない津波に備える　160

終章　これからの防災・減災に向けて …………………… 165

1．古代ギリシャの地震・火山災害　165

2．寺田寅彦の提言　166

3．津波災害史の進化　168

文　献　169

おわりに　177

東日本大震災と遺跡に学ぶ津波防災

序章　東日本大震災前後の研究

本章では、2011年（平成23）3月11日に起こった東日本大震災を前後してどのような研究の変化があったのか、簡単に振り返っていきたい。

1．東日本大震災以前の津波痕跡研究

（1）国外

北アメリカ大陸の太平洋に面するワシントン州沿岸において、1980年代初頭に始まったカスケーディア沈み込み帯（プレート境界付近）を震源域（震源断層域）とする巨大地震とそれに伴う津波の痕跡研究は、ボーリング調査によって、地層中に残された過去の津波堆積物の存在を指摘した。そして80年代後半、地質学者のアトウォーターは、その成果をもとに、ウィラパ湾に注ぐ河川流域の低地において、過去6時期の津波堆積物が間層を挟んで存在していることを明らかにし、研究の端緒を開いた。この調査では、それら各層の連続性をより正確に把握するため、ボーリングは、河川に直交して直線的に約300mの間に22地点が設定された。地点間の平均距離を約14mとして各津波堆積物の層を対応させ、過去7000年間に、6回以上の地震とそれに伴う津波があり、地震の規模は、マ

グニチュード8以上、地震沈降帯の長さは100km以上と推定している。

その後、津波痕跡研究は2004年のインド洋津波による災害を契機として活発化し、調査や論文数が増加するなかで重視されたのが、自然現象として、津波が地上や湖底などの陸域に残していった堆積物の識別方法である。研究事例が増えるのに伴って科学的な分析の精度が高まり、津波堆積物と同様、海浜を起源とする高潮堆積物とどのように異なるのか、それが課題とされたのである。ここでいう高潮は、台風やサイクロン、ハリケーンなどの熱帯低気圧が沿岸域で発生させる大きな波で、英語ではstorm surge（嵐による大波）と呼ばれ、津波tsunamiと区別されている。それを解決する方法としてさまざまな基準の検討と、堆積学的、地形学的な詳細な証拠を含む学際的な野外調査研究が必要とされ、それらの総合化が提唱されていた。

（2）国内

文献史料における津波に関する記事とは異なり、津波痕跡と被害状況の報告が行われるようになったのは、山奈宗真が1896年6月15日に発生した明治三陸津波の被害調査をしてからである（北原2014)。そして、日本列島で過去の津波堆積物の研究が最初になされたのは、1983年の日本海中部地震津波を契機に、1980年代後半に青森県の日本海沿岸にある十三湖周辺の砂丘間湖沼の底質堆積物を対象として行われた堆積学の研究においてである（箕浦他1987)。この研究では、すでに高潮堆積物との識別が課題として認識されていたが、津波堆積物とした理由は、海岸線から500m離れた調査地点まで高潮が及んだことはない、という古老の記憶であった。

その後、国内においても津波堆積物と高潮堆積物の識別が課題とされ、津波堆積物の特徴を、構成粒子の起源、粒度組成の特徴、分布形態の特徴、堆積構造、保存条件に分けて区別する方法の提示や、1994年の台風24号の高潮堆積物と1993年の北海道南西沖地震に伴う津波による堆積物（虎杖浜・霧多布）を比較する研究などがなされた。しかし、国内では規模の大きな高潮堆積物の研究が進んでおらず、具体的な識別基準は示されなかった。

そうしたなかで、仙台平野（第1図）における津波痕跡の研究が始まる（阿部他 1990）。高潮堆積物との識別もふまえ、対象としたのは『日本三代実録』にある平安時代の震災記事である。『日本三代実録』は、9世紀中頃の清和・陽成・光孝、三代の天皇の29年間にわたる治世の記録で、その貞観11年（869）5月26日の記事に、大きな地震の後に津波が仙台平野を遡上した様子が具体的に記されており、津波の規模からすると堆積物を残していっただろうと想定したのである。その探索は、海岸線に直交する3列の地点的な坪掘り調査によって行われ、貞観11年（869）の津波堆積物（砂層）が現在の海岸線から1.6km地点（SD-1）と2.5km地点（SD-2）に存在していることが確認され、延喜15年（915）に降下した十和田a火山灰を鍵層として、堆積学の分析手法を用いて津波の浸水域および痕跡高の推定を試みたのである。それから10年後、同じ津波堆積物（砂層）は、現在の海岸線から2.1～2.5kmにある仙台市沼向遺跡（第22図7）の発掘調査において、地形学などの関連科学との連携によって平面的な広がりが明らかにされた（仙台市

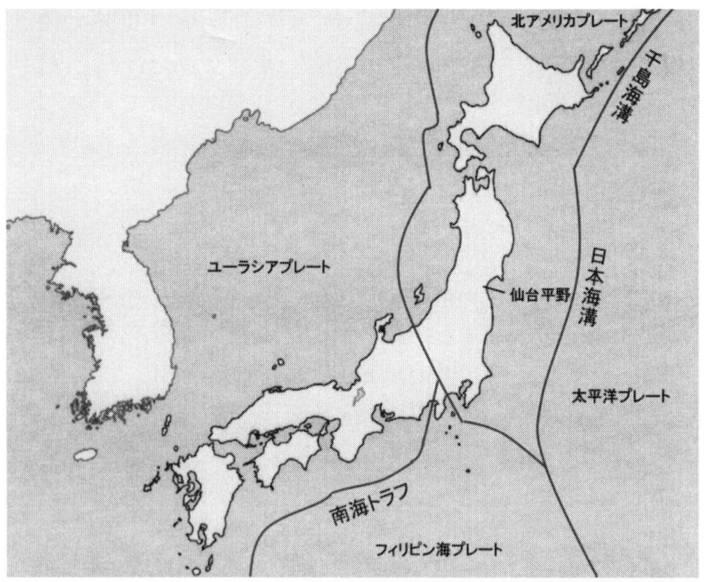

第１図　仙台平野の震災以前の光景（斎野撮影）とその位置

教育委員会 2000a)。当時の海岸線は、現在の海岸線より約 1km 陸側にあったと推定されており、津波堆積物は海岸線付近から 1.5km 陸側まで分布していたことになる。

そして、2007 年、現在の海岸線から 4.5km にある仙台市沓形遺跡（第 1 次調査：第 22 図 15）で見つかった弥生時代中期中葉の津波痕跡には、津波堆積物（砂層）とそれに覆われて廃絶した 6a1 層水田跡（被災遺構：第 2 図）があった（仙台市教育委員会 2010b)。

考古学では、人間が作った記念物や建物（環状列石、住居、倉庫など)、墓（古墳、横穴墓、土壙墓など)、農地（水田、畑)、生産施設（瓦窯、製鉄炉）などの不動産の痕跡を、遺された構造物という意味で「遺構」とし、移動に使う船や、日常生活の道具（土器や石器、鉄器、木器)、祭りの道具（石偶、土偶、銅鏡、銅鐸、鳥形木製品）などの人工的な動産、あるいは人間と関わり、人間が加工していない動植物や岩石などの自然的な動産を、遺された物品という意味で「遺物」としている。

この遺構と遺物から構成される過去の人間の活動の痕跡が遺跡であり、遺構のなかで、水田や畑には、耕作土となっていた層名を付けた名称が与えられる。「6a1 層水田跡」は、6a1 層を耕作土としていた水田の遺構を示すとともに、津波によって被災して廃絶した遺構という性格からは、「被災遺構」と意味づけられる。6a1 層水田を覆った砂層を津波堆積物とした理由は、この時点では、地形学の分析によって海浜を起源とする堆積物と判明したこと、当時の海岸線が現在の海岸線より約 2km 陸側にあり、貞観 11 年（869）の津波より 1km も陸側へ堆積物を運んでいることにあった。これらの沓形遺跡の調査成果は、津波痕跡研究にとって、それまでの対象が

第２図　沓形遺跡第１次調査6a1層水田跡確認状況（白っぽい層が津波堆積物：仙台市教育委員会 2010b）

主に津波堆積物だったため、被災遺構を考古学的な発掘調査で確認できた画期的な発見となった。それは、この年の７月に遺跡見学会が報道関係や市民向けに開かれて広く知られるようになり（仙台市教育委員会 2007）、その後の研究に自然災害と人間の活動の関係を明らかにできる考古学の参画が期待された。

また、沓形遺跡や周辺の遺跡では貞観11年（869）の津波堆積物は発見されておらず、この調査成果は、同時に、自然科学分野が進めていた仙台平野の津波痕跡研究を見直す契機ともなった。というのは、平野中部では、2000年代になると、貞観11年の津波堆積物（砂層）が現在の海岸線から4～5kmまで分布すると指摘され（菅原他 2001、澤井他 2006）、同様のことは、前述のように、この頃、発生が差し迫りつつあると予測された宮城県沖地震を対象として

2005年～2009年に文部科学省（2006～2010b）が東北の太平洋沿岸各地で行った「宮城県沖地震における重点的調査観測」でも報告され、それら一連の成果にもとづいて、この津波は平野の広い範囲に及び、被害も大きかったと考えられていたからである。

しかし、後述するように、これらの研究で、現在の海岸線からおよそ3km以上陸側に分布して貞観11年の津波堆積物と判断していた砂層は、実は沓形遺跡で見つかった弥生時代中期の津波堆積物（砂層）の広がりを誤認しており、実際の津波の規模と被害の程度はそれほど大きくなかったのである。つまり、東日本大震災の津波の規模と比較すると、およそ2000年前の弥生時代の津波は同じかやや大きく、およそ1000年前の平安時代の貞観11年の津波はそれより小さいことが明らかになるのである。

2．東日本大震災以後の津波痕跡研究

（1）震災直後の動向

2011年3月11日に東日本大震災が起こり、岩手県、宮城県、福島県を主として、東日本に甚大な被害がもたらされた（第3図、第4図）。防災体制の想定を超えた震災の発生は、過去の地震・津波の災害痕跡研究の新たな展開の必要性を認識させ、国の防災体制の見直しが各方面で行われた。そのなかで、内閣府の中央防災会議は、「東北地方太平洋沖地震を教訓とした地震・津波対策に関する専門調査会」をいち早く震災直後の4月に組織し、12回の審議を経てその年の9月には報告を行い（中央防災会議 2011）、今回の地震・津波の特徴と被害を検証し、防災基本計画を含めた今後の防災

第3図　名取川河口域（仙台市の藤塚地区）に残された津波堆積物（白っぽい砂層）

第4図　沓形遺跡東方の沿岸域（仙台市の荒浜地区）に残された津波堆積物（白っぽい砂層）

対策の見直しを提言している。そこには、地震学などの自然科学分野と、考古学、歴史学などの連携による研究の総合化の必要性が提起されており、震災以前の研究が、個別分野的に行われていたことへの反省を促し、新たな指針を示していた。

津波災害に関する分野では、津波堆積物の識別があらためて課題とされ、それを期待された堆積学による研究では、「津波堆積物の認定基準はいまだ確立しているとは言い難く、発生履歴や規模の推定法に至っては、まだ実用段階ではない」（後藤他 2012）と認識されている。そのうえで、津波痕跡研究が信頼性の高い成果を得るには、津波堆積物の識別と年代推定を実証的に行っていく必要があり、「認定間違いや解釈の飛躍はこれまで以上に許されない状況にある」としながらも、「震災後、津波堆積物研究には社会的にも大きな関心が寄せられるようになった。これは、2011年津波が堆積物研究から明らかにされていた貞観津波の再来とみなされ、貞観津波以来の『1000年に1度の津波』が起きたとメディア等で表現されたことが理由と考えられる」という認識を示している（後藤・箕浦 2012）。当時は、インターネットをはじめ、新聞やテレビ、雑誌などで、貞観11年（869）の津波が取り上げられ、過去の大津波による災害の記録を通して防災への関心を高めることにつながっていった。その主な企画としては、2012年2月に、『科学』が「日本列島をおそった歴史上の巨大津波」、『別冊日経サイエンス』が「震災と原発」とする特集を組んでいる。過去の津波災害の主な対象は『日本三代実録』の記事にある平安時代の貞観津波であったが、それらは、主に震災以前の研究成果にもとづいていたのである。

（2）その後の動向

震災後の動向として、防災対策の見直しとともに、今回の津波堆積物の現地調査が被災地の沿岸各地で継続して行われ、過去の津波災害に関するさまざまな分野の研究が進展した。現地調査は、震災直後から津波堆積物を主な対象として、地質学、堆積学、地形学などの自然科学分野が行い、毎年のように数多くの報告がなされ、過去・未来の津波災害を考えるうえで、各地域で比較検討するためのデータが得られた。そして、過去の津波災害は、考古学や歴史学を含めて、現代の津波痕跡との関連性が論じられ、議論は地震災害や噴火災害にも及んでいった。

これらの調査研究は、多くの分野が連携して総合化へ向かう針路を示していたが、なかなか進まない状況があった。震災から1年数か月経った2012年5月20日、自然科学分野の日本地球惑星科学連合と宮城県考古学会の研究会が千葉県と宮城県で別々に開かれているように、その後も、既存の学会などが主催して津波災害に関するシンポジウムや研究会が、個別的に列島各地や南米チリなどでも開催されてきた。そのため、研究の総合化を目指す動きは少なかったが、震災から4年経った2015年3月、仙台市で開催された第3回国連防災世界会議において、多分野連携による過去の津波災害に関するシンポジウムが開かれた。また、2016年8月には、第8回世界考古学会議が京都の同志社大学を会場として開かれ、「災害の考古学」をテーマとした分科会が開かれている。

このなかで、第3回国連防災世界会議では、被災地からの発信として、シンポジウム「環太平洋地域の津波災害痕跡・経験と知恵の継承」が開催された（仙台市 2015）。その趣旨は、津波のメカニズムとその社会的なダメージを、地上や地中に残された痕跡と文献史料をもとにして多分野連携（考古学、歴史学、地質学、堆積学、地形学など）によって解き明かすこと、そして、津波災害に強い社会を作るために、地域に伝わる事柄や東日本大震災のような経験を次世代に継続して語り継ぐことにあり、以下の発表と討論がなされた。

後藤和久「近地津波と遠地津波のメカニズム」

松本秀明「仙台平野の弥生時代・平安時代の津波痕跡」

斎野裕彦「仙台平野の弥生時代・平安時代の津波災害」

久貝弥嗣「宮古・八重山諸島の津波痕跡と災害」

後藤和久「環太平洋沿岸の津波痕跡と災害」

北原糸子「明治三陸津波からの復興を模索した人物—山奈宗真」

深澤百合子「アイヌの津波伝承」

環太平洋地域を対象としたこのシンポジウムでは、津波は国境を越えて伝わることが再認識され、仙台平野では、過去に大きな津波災害が弥生時代と平安時代にあったことが確認され、津波堆積物の識別が課題とされた。そして、東日本大震災以前に個別分野的に行っていた研究の限界が知られた現状において、より精度の高い枠組みとして、考古学、歴史学などを含めた地球科学の多分野連携の必要性が提唱された。シンポジウム資料は、環太平洋地域の諸国、日本列島の太平洋に面するすべての市町村に寄贈されている。

研究の現状は、津波災害痕跡の新たな調査研究方法にもとづいて、総合化を目指す段階に入っている。具体的には、津波による被災遺構を明らかにする調査研究が、以下の５項目を相互に検証しながら進められている。

①津波堆積物の識別

②年代・時期の推定

③地形・海岸線の推定

④津波の規模の推定

⑤津波の波源の推定

本書では、これらの方法にもとづいた仙台平野の考古遺跡の研究成果から、より正確な津波災害史を構築し、これからの津波防災を考えていく。

第１章　東日本大震災が教える津波痕跡

東日本大震災の津波は、沿岸の陸域にさまざまな痕跡を残していった。ここでは、仙台平野の調査によって、津波痕跡が教えてくれた新知見をいくつかの項目に分けて確認し、それらを、これまでの調査研究方法に組み入れて、新たに提起した方法を具体的に説明する。そして、次章以降では、その方法で明らかになった仙台平野のより正確な津波災害史を、弥生時代、平安時代、江戸時代の順に紹介していくが、その前に仙台平野の歴史的・地形的な環境を示しておこう。

１．地層中から津波災害の痕跡を探す

（１）地層中の層の重なりとその種類

遺跡の調査で対象となる地層は、通常、横方向に縞状を呈している。縞状に見えるのは、土質や色調の違うさまざまな層が積み重なっているためで、各層を基本層といい、それらの新旧は、下の層が古く、上の層が新しい関係にある。第５図は、仙台市沼向遺跡の地層断面の写真である。発掘調査では、上の層から下の層へ順に調査をしていくので、上から順に１層、２層、３層……と、層名をつけていく。各層を細分する時は、２層の場合、2a 層、2b 層……と

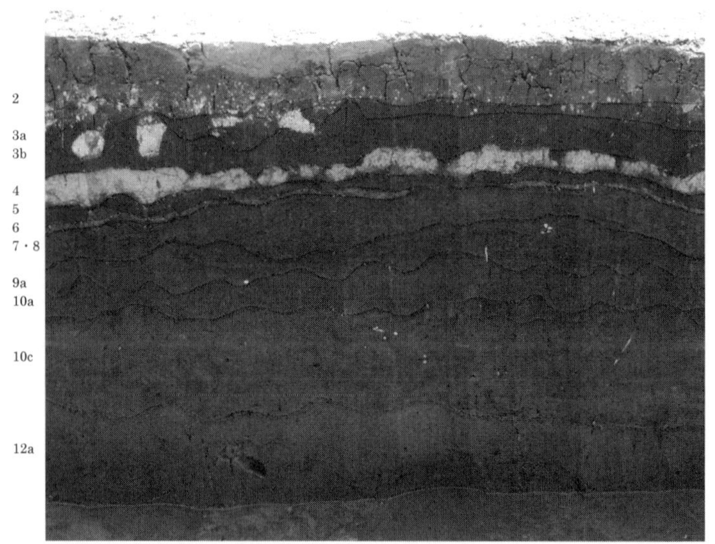

4層：十和田a火山灰(915)、6層：層厚1cmの津波堆積物（砂層）、5層、7・8層：自然堆積層

第5図　沼向遺跡第19次調査西壁断面（仙台市教育委員会2010a）

している。これらの基本層の重なりを基本層序という。この写真の地点では、1層や9b層、11層など、認められない層もあるが、それぞれの層は形成された要因から3種類に分けられる。

①自然堆積層：河川の洪水や津波の遡上、火山噴火による降灰など、自然現象で運ばれて堆積した物質が、そのまま残された層。3b層、5層、7・8層、10c層、12層が河川堆積物、6層が貞観11年（869）の震災の津波堆積物、4層が延喜15年（915）の十和田火山の噴火で噴出して空から降って堆積した十和田a火山灰層である。

②人為堆積層：人間が、運搬・移動させた物質、あるいは埋めたり捨てたりした物質の層。具体的には、貝塚を形成している層や墓

穴を埋めている層、土塁を積み上げた層などがある。第５図では、現代の盛土層の２層が相当する。

③人工改変層：人間が、自然堆積層をその場所で道具を用いて改変した層。具体的には、畑の耕作土、水田の耕作土がある。3a層（近世）、9a層（奈良時代後半～平安時代初頭）、10a層（古墳時代後期～奈良時代前半）が水田耕作土である。前述のように、それぞれの層を耕作土としていた水田の遺構名は、たとえば9a層なら、層名をつけて「9a層水田跡」としている。

これらのなかで、本書で対象とする津波による堆積物は、自然堆積層の一つで、海側からもたらされる。

（２）津波堆積物

仙台平野のように海に面していて、陸側に平坦な地形が広がり、海岸線に沿って砂浜があるところでは、海洋起源の大きな津波は、陸へ近づくと上下の振幅を増し、海浜の砂を巻き上げて陸側へ運搬して堆積させる。それによって平野の沿岸部には、東日本大震災のように、一面薄い砂で覆われる現象が起こる。この砂質堆積物は「サンド・シート」とも呼ばれ、おもに海浜の砂で構成され、そのなかから海生生物の微化石が見つかることがある。

砂層の供給源となる海浜は、陸域の土砂が河川によって海へ運搬された後、沿岸流や波によって海岸に打ち寄せられて形成されている。海浜の砂は、河川の砂と性質が異なっており、粒度分析という方法で識別することができる。一般に、海浜の砂は淘汰が進んでいて粒径がそろい（淘汰度＜0.7）、空気中で砂粒同士が衝突して摩耗が始まり、粒の角がとれて丸みを帯びているのに対して、河川の

第1表　粒子区分の単位

粒度境界（mm）	粒度区分			ファイ（φ）単位
2048	礫（砂利）	巨礫	極大型	-11
1024			大型	-10
512			中型	-9
256			小型	-8
128		大礫	大型	-7
64			小型	-6
32		中礫	極粗粒	-5
16			粗粒	-4
8			中粒	-3
4			細粒	-2
2			極細粒	-1
1	砂		極粗粒	0
1/2（500ミクロン）			粗粒	1
1/4（250ミクロン）			中粒	2
1/8（125ミクロン）			細粒	3
1/16（63ミクロン）			極細粒	4
1/32（31ミクロン）	泥	シルト		5
1/64（16ミクロン）				6
1/128（8ミクロン）				7
1/256（4ミクロン）				8
1/512（2ミクロン）		粘土		9

（フリッツ・ムーア（原田訳）1998）

砂は粒径がバラつき（淘汰度＞0.7)、砂粒同士の衝突が水で和らげられるため、粒の角がとれていない傾向がある。仙台平野では、海浜の砂の平均粒径は地質学の単位で２φ（ファイ）付近に集中（0.2～0.3mm）する細粒砂～中粒砂で、淘汰度は0.3～0.7であることが既に明らかにされている（松本 1977)。仙台市の沓形遺跡では、第６図のように、被災遺構を覆う津波堆積物（基本層5b層：砂層）が同様の数値を示しており、海浜起源の津波堆積物と判明している。

海生生物の微化石には、底生有孔虫（海底に生息し、多くは大きさ1mm以下で、水深によって種の構成が異なる）の殻、海生珪藻（植物プランクトンの一種で、海水域、汽水域、淡水域に生息する種がある)、二枚貝などがある。これらは、堆積物が海浜起源であることを示してはいるが、津波堆積物の証拠とするには、津波とほぼ同時に遺骸となったことや、津波の規模と移動の関係などを矛盾なく説明する必要があり、現状ではむずかしい。

（３）津波堆積物と高潮堆積物の識別

海生生物の微化石とも関わるが、前述のように、海側からもたらされる堆積物は津波堆積物だけではない。ほかに高潮堆積物がある。ここでいう高潮は、熱帯低気圧によって沿岸域で発生する大きな波で、日本列島を含む西太平洋ではタイフーン・台風、インド洋・南太平洋ではサイクロン、北東太平洋・北大西洋ではハリケー

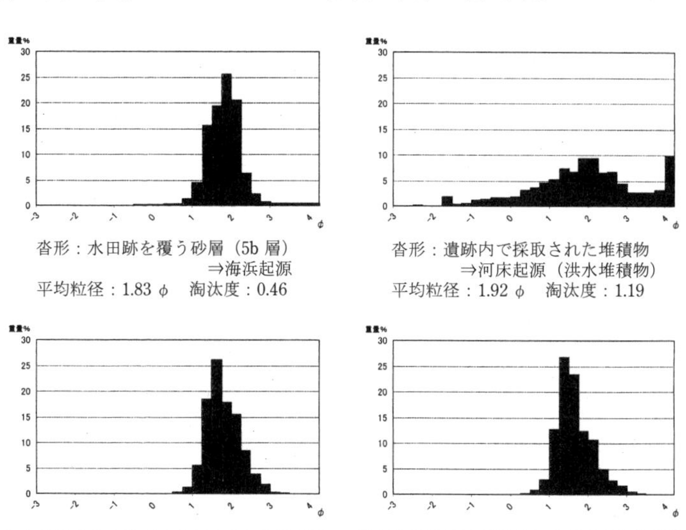

沓形：水田跡を覆う砂層（5b 層）
⇒海浜起源
平均粒径：1.83 φ　淘汰度：0.46

沓形：遺跡内で採取された堆積物
⇒河床起源（洪水堆積物）
平均粒径：1.92 φ　淘汰度：1.19

仙台平野中部の砂原から採取された堆積物
平均粒径：1.79 φ　淘汰度：0.43

仙台平野中部の砂原から採取された堆積物
平均粒径：1.64 φ　淘汰度：0.46

第６図　沓形遺跡基本層 5b 層（砂層）と他の堆積物の粒度組成（仙台市教育委員会 2010b：原図松本秀明）

ンと呼ばれている。近年では、2013年にフィリピンのレイテ島に上陸して大きな被害をもたらしたハイエン台風が堆積物を残している。仙台平野のように海に面した平野では、高潮によって運搬された堆積物の構成は、津波と同様に海浜の砂を供給源とすることから、同じ沿岸域であれば変わらない。両者の識別に関して、震災以前の研究では、遡上距離に対して砂質堆積物が運搬されて到達する距離は、津波はほぼ同じかやや下回る程度であるが、高潮はそれより短い傾向が指摘されていた。では、高潮はどのくらい海岸線から海浜の砂を運搬する力をもっているのだろうか。地球上で記録に残る大きな高潮（第7図）における堆積物の到達距離を調べてみると、

1961年「ガーラ」北米　一般的に300m以下、最大で1km

1999年「バンス」オーストラリア　200～250m

2003年「イザベル」北米　一般的に300m以下、最大で1km

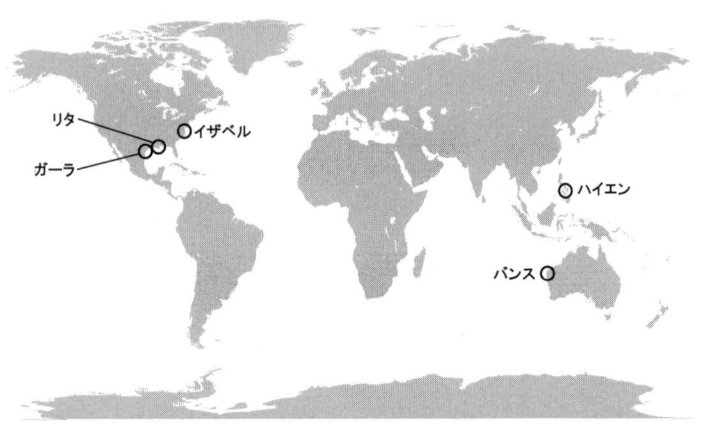

第7図　主な高潮と観測地

2005年「リタ」北米　420m

2013年「ハイエン」フィリピン　130〜180m

だった。基本的には500m以下で、そのなかの一部で500mを超えて最大1kmに到達することがわかる。津波は1kmを超える事例が複数あるので、両者は砂質堆積物の海岸線からの到達距離によって以下のように分けられる。

・1km以上の分布は「津波」を示す指標となる。

・1〜0.5kmの分布は「津波」の可能性が高い。

・0.5km以下の分布は「津波」と「高潮」の区別がつかない。

（４）津波の遡上距離と堆積物

東日本大震災の津波は、津波の遡上距離と砂質堆積物の到達距離との関係に新たな知見をもたらした。この津波は、沓形遺跡付近では約4km遡上し、海岸線から約2.3kmまで砂質堆積物を堆積させただけでなく、それより陸側約1.7kmまで泥質堆積物を堆積させていたのである（松本2011)。つまり、砂質堆積物の到達距離が、そのまま津波の遡上距離を示さなかったのである。地質学の研究では、東日本大震災の津波堆積物の到達距離と遡上距離の関係について、目視で確認できる程度の層厚（5mm以上）を有する砂層は、遡上距離の６割程度までしか分布していないこと、遡上距離が2.5km以下の場合、砂層は遡上距離付近まで到達しているのに対して、遡上距離が2.5km以上の場合、砂層の分布範囲との乖離が広がり、砂層は最大でも3km程度までしか形成されていないことが明らかにされた。そして、過去の海外での調査事例を含めて検討したうえで、第８図のように、津波堆積物は遡上距離が2.0〜2.5km

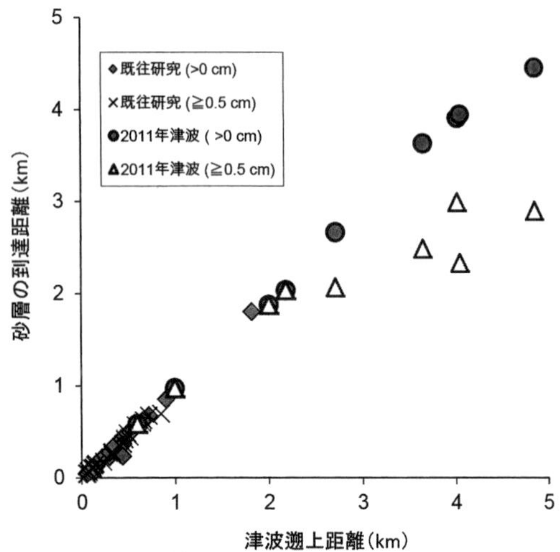

第８図　津波遡上距離と砂層の到達距離（後藤・箕浦 2012）

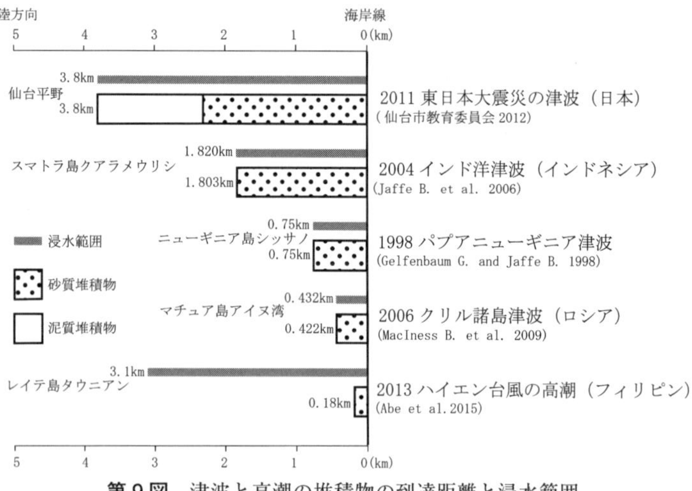

第９図　津波と高潮の堆積物の到達距離と浸水範囲

以下であれば遡上限界付近でも形成されると指摘している（後藤・箕浦 2012）。

これらの研究成果から、津波の遡上距離と堆積物の性質および分布は、①遡上距離 2.0 ～ 2.5km 以下：遡上距離付近まで砂質堆積物が堆積、②遡上距離 2.5km 以上：遡上距離の海側６割に砂質堆積物、陸側４割に泥質堆積物が堆積と、大きく２種類に分けられる。それに高潮による堆積物を加えたのが第９図である。

第 10 図　東日本大震災の地震で生じた岩切城跡の地割れ（写真：仙台市教育委員会）

第 11 図　高大瀬遺跡付近に残された津波堆積物（倒木の根が海方向、先端が陸方向：2012 年斎野撮影）

なお、東日本大震災で確認された泥質堆積物は、津波が陸上を遡上する経路上で巻き込まれて陸側へ運搬されており、海浜を起源としていない。そのため、発掘調査において陸性の堆積物が重なる地層中からそれを識別するのはむずかしい。

第 12 図　高大瀬遺跡遠景（2015 年斎野撮影）

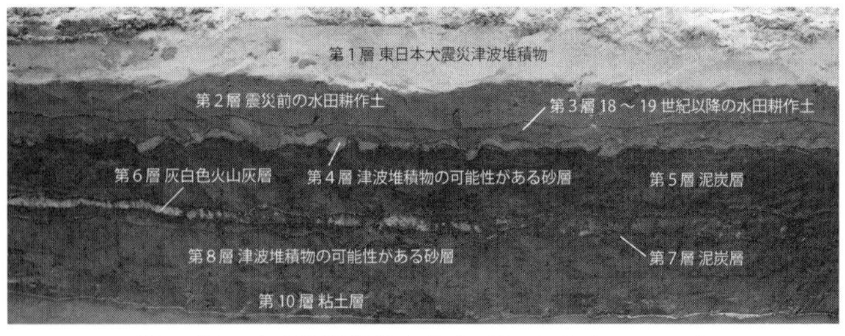

第 13 図　高大瀬遺跡基本層序（第 7 調査区 川又 2015）

（5）近地津波と遠地津波

大陸に近い海溝付近で地震に伴って発生する津波には、波源となる震源域から近い大陸に向かう近地津波と、震源域から海を渡って遠い大陸に向かう遠地津波が発生することがある。日本では 1960 年のチリ地震津波が遠地津波としてよく知られている。東日本大震災でも二つの津波が太平洋に広がり、近地津波が及んだ日本列島の沿岸域では、地震の震度が6以上だった地域で斜面や崖面に地割れが起こっている。仙台平野の震度は6弱で、第10図のように岩切城跡などで崖面に沿って地割れが生じていた。そのため、近地津波の識別には、地割れなどの地震痕跡と、津波堆積物の形成の連動性の確認が必要とされ、それによって波源の推定が可能となる。

（6）津波による被災遺構の検出

東日本大震災の津波は、広く砂質堆積物を残していった（第11図）。震災後、2013年に海岸線から1km離れた岩沼市の高大瀬遺跡（第12図）で発掘調査が行われ、津波堆積物の1層（砂層）に覆われて廃絶した、2層を耕作土と

第14図　畦畔際の不整形の凹部確認状況（川又2015）

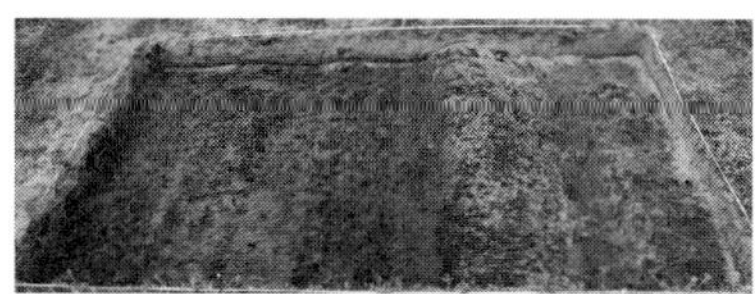

第15図　水田面の脈状の凹部確認状況（岩沼市教育委員会）

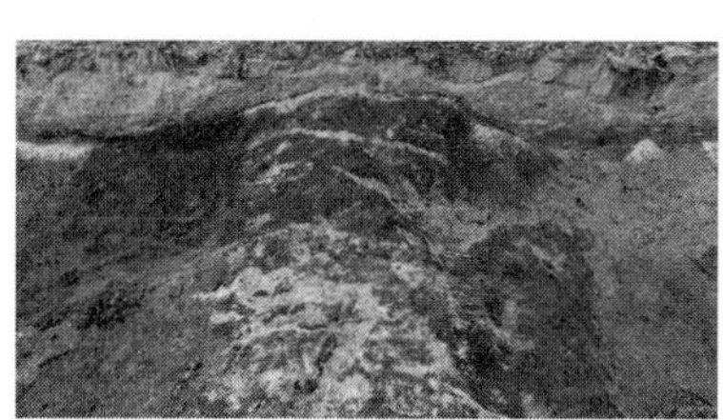

第16図　畦畔上の筋状の痕跡確認状況（岩沼市教育委員会）

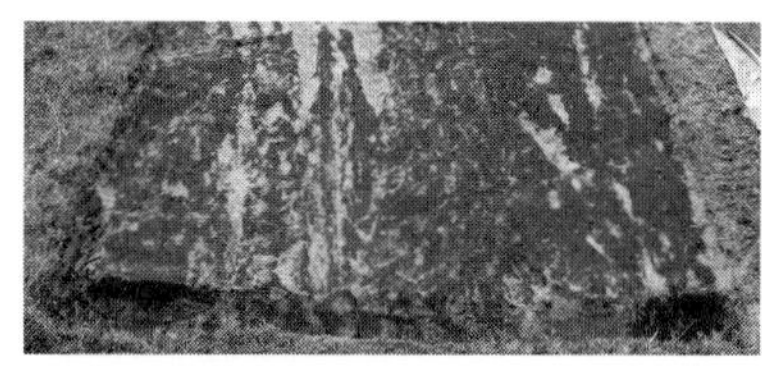

第17図　海岸線に直交方向の平行する直線的な凹部（手前が海側：川又2015）

第 18 図　東日本大震災の津波による洗掘痕：海岸線から 1km（2012 年 4 月斎野撮影）

する現代の水田が調査されている（第 13 図）。この 2 層水田は、現代の津波による「被災遺構」である。

高大瀬遺跡の調査では、津波が水田面に残す痕跡も明らかにされている。最上層の 1 層は層厚 30cm ほどの海浜起源の中粒砂である。この砂層を掘り下げていき、2 層上面で畦畔（あぜ）と水田面を検出すると、部分的に砂層が凹部に残されている状況が観察され、それらは形状から 4 種類に分けられた。

①畦畔際の不整形の凹部（第 14 図）

②水田面の脈状の凹部（第 15 図）

③畦畔上の筋状の痕跡（第 16 図）

④海岸線に直交方向の平行する直線的な凹部（第 17 図）

①～③は、水田面と畦畔の凹凸と関係して津波による地表面の浸食によって形成されている。①は段差を津波が流れ下るときに下方を浸食する洗掘と同じような作用で生じると考えられる。第 18 図は、左手が海方向で、海岸線に平行する農道の陸側が大震災の津波で洗掘されて帯状の凹部が形成された状況である。④は、津波が運搬した樹木などの物質が地表面を削って残した痕跡であり、津波の遡上した方向を示す。これらの痕跡のうち、①と②が後述する沓形

遺跡の6a1層水田跡で確認されている。

2．東日本大震災以降の津波災害痕跡研究

大震災以降、新たに提起された津波災害痕跡の調査研究方法（斎野 2017a）は、震災以前に、主に自然科学分野が行っていた個別分野的な研究ではなく、考古学や歴史学、地質学、地形学などの関連する多くの分野が連携して、人間と災害の関係を総合的に考える方法である。ここで重要となるのは津波災害の痕跡を示す被災遺構であり、その発見は、考古学的な発掘調査を通して、以下の5項目を相互に検証しながら進められる。

（1）津波堆積物の識別

最初に検討されるべき最も重要な項目である。津波堆積物は、遺跡の基本層序において、自然堆積層とその形成要因から、海浜起源の堆積物を想定し、第19図のように、いくつかの手順を経て識別

自然堆積層・人為堆積層・人工改変層
↓　粒径分布・淘汰作用・微化石（底生有孔虫・珪藻）等
河川起源・海浜起源
↓　堆積作用（堆積物の到達距離）
高潮堆積物・津波堆積物
↓　地震痕跡（地割れ跡）との連動性
遠地津波・近地津波

第19図　津波堆積物の識別

する。

その過程で注意を要するのは、対象となる堆積物が、当時の海岸線から少なくとも500m以上離れたところまでの到達距離と、堆積物の層の連続性の確認である。仙台平野のように海浜起源の堆積物が地層中に複数存在している場合、それらは同じような層相を示すため、数十メートル以上離れた地点的な調査（ボーリング調査など）では同一層の連続性を認識できないことがあり、上下の層の年代測定や、発掘調査のように面的な調査や細長い調査区（トレンチ）を設定して断面を観察する線的な調査も行う必要がある。

（2）年代・時期の推定

遺構が被災した年代・時期は、基本的にそれに伴う土器や石器などの遺物にもとづいて推定し、遺跡を構成する遺構群の変遷のなかに位置づける。そして、放射性炭素年代測定値や年代が明らかな鍵層との上下関係の整合性も確認する。仙台平野では、十和田a火山灰が古代の鍵層として大きな役割を果たしているが、成層をなさず、層中にブロックで含まれる場合、その層には、降灰以降に形成された人工改変層の可能性を想定すべきである。また、古代の文献史料に実年代が記された震災の記事と津波堆積物との関連性は、慎重な検討を要するが、年代が明らかになる事例もある。

なお、土器についたススや炭化物、層中の植物などを対象とする放射性炭素年代測定法では、西暦1950年を基準年として逆算する年数が測定値として得られる。たとえば「2000±50yrBP（IAAA-11111）」の場合、「2000±50yrBP」は、前後50年の誤差があるので、測定試料の実年代は、紀元0年から紀元前100年の間になる。

「(IAAA-11111)」は、IAAA が測定した機関の略称、11111 は試料番号である。また、本書で示す放射性炭素年代測定値は、較正曲線による年代補正をしていない数値である。

（3）地形・海岸線の推定

津波遡上距離の推定のため、遺構が被災した時期の海岸線の位置を推定する。仙台平野のように、5000 年前以降、沿岸流や波によって海底の砂が打ち寄せられ、海岸線が海側へ前進する平野では、各時代の海岸線の位置と遺跡分布の整合性を確認しておく必要がある。仙台平野には、その間に形成されてきた過去の砂浜の痕跡と現代の砂浜が、海岸線に沿って南北方向のわずかな高まりとして３列認められ、それを「浜堤列」といい、その間は細長い堤間湿地となっている。最も陸側の第Ⅰ浜堤列は 5000～4000 年前に形成され、第Ⅱ浜堤列は 2000～1700 年前に形成され、第Ⅲ浜堤列は 1000 年前以降、今も形成されている。そのため、過去の海岸線の位置は、現在の海岸線から、2000 年前は約 2km、1000 年前は約 1km、陸側にあり、遺跡の分布とも整合している。

（4）津波の規模の推定

津波の遡上距離によって、その規模を推定する。当時の海岸線からの津波堆積物の到達距離を砂質堆積物の分布から調べるには、面的な分布を複数地点で確認する必要がある。そして、砂質堆積物の到達距離が 2.5km 以上の場合、それより陸側に津波が遡上して泥質堆積物を残した可能性を想定し、被災遺構や海浜起源の微化石の有無、遺跡の消長などから津波の規模を推定する必要がある。

なお、津波の規模は、波の高さからも推定されるが、地層中には過去の津波の高さを直接復元するデータは存在していない。

（5）津波の波源の推定

津波堆積物をもたらしたのは近地津波なのか。遠地津波なのか。その地域の歴史にとっては重要である。遺跡の調査で明らかにできるのは、地震痕跡（地割れなど）と津波痕跡（津波堆積物など）の連動性で、それによって近地津波を確認できるが、その連動性がわからない場合は、どちらの津波なのかは不明となる。しかし、古代の文献史料にその連動性を示す記事があり、地域や年代の整合性から近地津波とすることができる。これに対して、遠地津波の波源の推定はむずかしく、西暦1700年に北米西海岸のカスケーディア沈み込み帯を震源域とする地震に伴う遠地津波が日本列島の太平洋沿岸各地で観察された現象が唯一である（都司他1998）。

波源に関して留意すべきなのは、津波堆積物だけでは、近地津波によってもたらされたのか、遠地津波によってもたらされたのか、わからないことである。津波堆積物の推定年代に幅があるときには、日本列島の過去の地震の記録と対応させるのはきわめてむずかしいといえる。

3．総合化による津波災害史の構築

我々が知ることのできる過去の津波は二種類ある。一つは、文献史料に記された津波であり、「記録津波」とされる。もう一つは、地層中で確認される津波であり、「痕跡津波」とされる。そのうち、

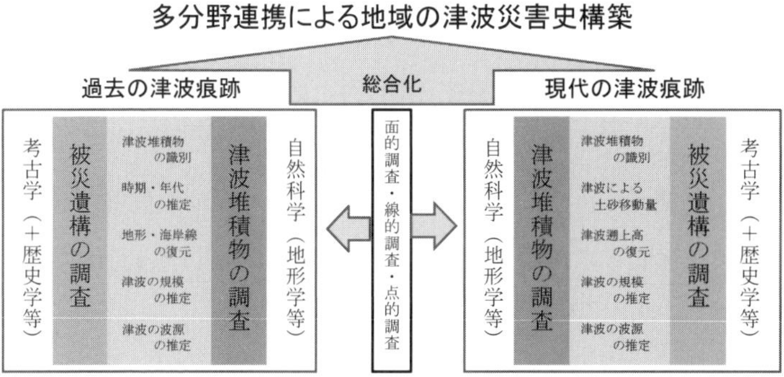

多分野連携による地域の津波災害史構築

過去の津波痕跡　総合化　現代の津波痕跡

考古学（＋歴史学等）
被災遺構の調査
津波堆積物の識別
時期・年代の推定
地形・海岸線の復元
津波の規模の推定
津波の波源の推定
津波堆積物の調査
自然科学（地形学等）

面的調査・線的調査・点的調査

自然科学（地形学等）
津波堆積物の調査
津波堆積物の識別
津波による土砂移動量
津波遡上高の復元
津波の規模の推定
津波の波源の推定
被災遺構の調査
考古学（＋歴史学等）

第 20 図　多分野連携による地域の津波災害史構築（斎野他 2014）

痕跡津波は、津波堆積物と被災遺構で構成される津波痕跡の研究によって明らかとなる。この研究の目的は、現代の津波堆積物・被災遺構をもとに過去の津波堆積物・被災遺構を通して地域の津波災害史を構築し、津波防災へ貢献することにある（第 20 図）。

本書では、第 21 図のように、仙台平野で発掘された遺跡の調査をふまえながら、弥生時代の痕跡津波、平安時代の記録津波と痕跡津波、江戸時代の記録津波を対象として、津波災害の実態を紹介していく。それらの概要は以下の通りである。

（１）弥生時代中期（約 2000 年前）の津波災害―痕跡津波の研究

沓形遺跡の第１次調査以降、2013 年に荒井広瀬遺跡の調査で、津波と地割れとの連動性が確認され、東日本大震災と同様、日本海溝周辺を震源域とする地震に伴う近地津波であることが明らかにされた。この弥生時代の地震・津波の痕跡は、山元町中筋遺跡、仙台市の荒井南遺跡、中在家南遺跡など、他の遺跡でも検出されている。津波災害痕跡をもとに、仙台平野全域において、震災を前後す

第 21 図　仙台平野の微地形分布と津波痕跡調査遺跡（斎野 2015a：原図松本秀明）。

第2表　仙台平野地震津波痕跡一覧

地区	時代	遺跡	地震痕跡	津波痕跡	
北部	平安時代 (貞観11年)	仙台市沼向遺跡		津波堆積物	
中部	弥生時代 (中期中葉)	仙台市沓形遺跡		津波堆積物	被災遺構 (水田跡)
		仙台市荒井南遺跡		津波堆積物	被災遺構 (水田跡)
		仙台市荒井広瀬遺跡	地割れ跡	津波堆積物	被災遺構 (溝跡)
		仙台市中在家南遺跡	地割れ跡	(海生珪藻)	
		仙台市高田B遺跡		津波堆積物	被災遺構 (水田跡)
		仙台市富沢遺跡	水田土壌の変形		
	平安時代 (貞観11年)	仙台市下増田飯塚古墳群		津波堆積物	被災遺構 (水田跡)
南部	弥生時代 (中期中葉)	山元町中筋遺跡		津波堆積物	被災遺構 (水田跡)
	平安時代 (貞観11年)？	岩沼市高大瀬遺跡		津波堆積物？	
	江戸時代？	岩沼市高大瀬遺跡		津波堆積物？	
	現代 (平成23年)	岩沼市高大瀬遺跡		津波堆積物	被災遺構 (水田)

る集落動態を考える。

(2) 平安時代の津波災害─痕跡津波と記録津波の研究

仙台市の沼向遺跡では、1990年代後半に『日本三代実録』にある貞観11年(869)の津波の堆積物が、自然科学と考古学の調査で確認された。その後、2005年の名取市下増田飯塚古墳群の調査で、平安時代の9世紀後半の水田跡が検出され、それが貞観11年の震災の津波堆積物によって覆われて廃絶した被災遺構であると推定された。この津波は、東日本大震災の津波と同様、日本海溝周辺を震源域とする地震に伴う近地津波であり、関連性が想定される多賀城市の山王遺跡・市川橋遺跡の調査成果の検討を含めて、平野全域において、震災を前後する集落動態を考える。

（3）江戸時代の津波災害―複数の記録津波の研究

伊達家の『貞山公治家記録』、徳川家の『駿府記』などにある慶長16年（1611）の記録地震と記録津波の記事については、その津波堆積物に対応する可能性のある砂層が、最初に1990年代に報告され、2013年には岩沼市高大瀬遺跡の発掘調査で報告されている（岩沼市教育委員会 2013）。しかし、津波痕跡として津波堆積物も被災遺構も確認されていないため、文献史料をもとにした研究がどこまで実証性をもつのか、検討を行う。

なお、津波を発生させた過去の地震に関しても、津波と同様に二種類あり、「記録地震」と「痕跡地震」とされる。

4．研究対象の歴史的・地形的環境

対象とする三つの時代の津波災害を考えるうえで、仙台平野沿岸域の環境を確認しておこう。

（1）歴史的環境

仙台平野の沿岸部における人間の活動に関しては、縄文時代中期前半頃（約5000～4500年前）に始まる第Ⅰ浜堤列（松本 1984）の形成があり、その後、海側に浜堤列地形を発達させていく過程で、縄文時代後期中葉以降、自然堤防や後背湿地とともに、浜堤列を含めた集落の営みが認められる（仙台市教育委員会 2010a）。弥生時代以降は、水田稲作が始まったこともあって、自然堤防を居住域、墓域とし、後背湿地を食糧生産域（水田域）とする土地利用も行われるようになった。特に、後背湿地の発掘調査では、これまでの考古学的・地形学的な調査・研究の連携によって、基本層序における自然堆積層と水田耕作土の識別が、平面的な遺構検出からなされ、地点的な地形形成の時間軸に人間の活動の痕跡が、数多くの遺跡で確認されている。そして自然堆積層の介在は、一定期間、食糧生産域としての土地利用が行われなかったことを示しており、それらは河川の洪水による堆積物、土石流や鉄砲水による堆積物、津波の遡上による堆積物、火山灰の降下による堆積物などに識別され、その堆積は自然災害の痕跡あるいは連続する自然堆積層の一部として認識される。

（2）地形環境と遺跡立地

仙台平野は、西方の丘陵・段丘と構造線（断層）によって画されている。平野は、東流する三河川の堆積作用によって形成される微地形にそれぞれ特徴が認められ、以下のように、北部、中部、南部に区分される。

①北部（七北田川下流域）

七北田川は河川堆積物の供給量が比較的小さい。扇状地性の微高地の発達はなく、後背湿地の標高は 5m 未満である。地形環境の変遷は、縄文海進で広がった内湾が浜堤列の形成によって潟湖となり、その後、ゆっくりと埋積して、中世まで存続する特徴がある。

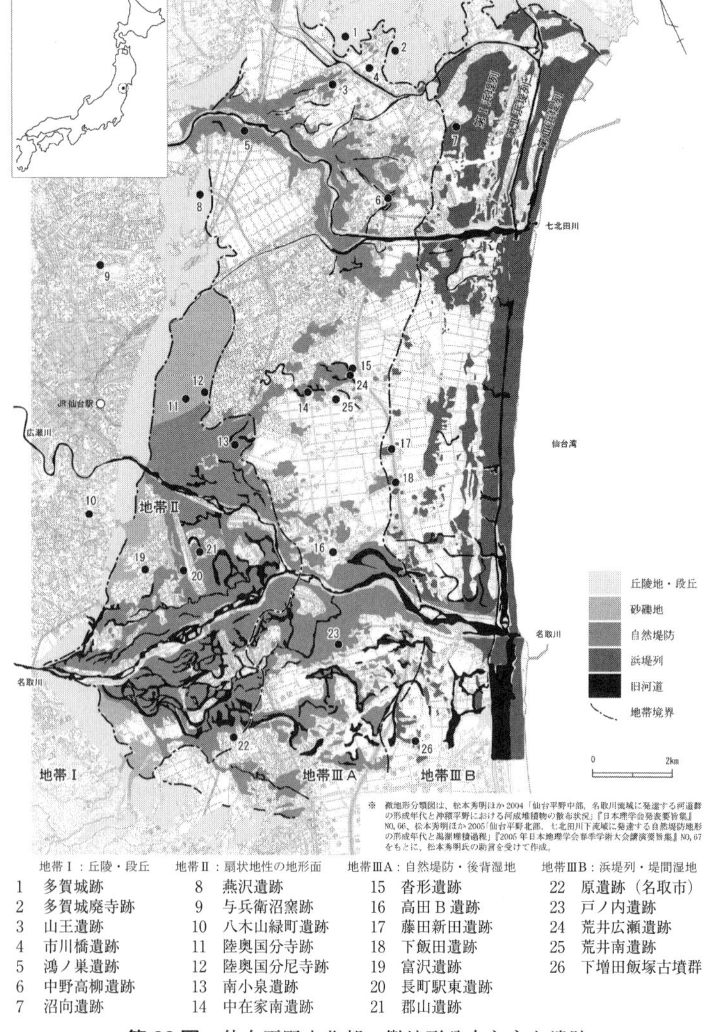

※　微地形分類図は、松本秀明ほか2004「仙台平野中部，名取川流域に発達する河道群の形成年代と沖積平野における河成堆積物の散布状況」『日本理学会発表要旨集』NO, 66、松本秀明ほか2005「仙台平野北部，七北田川下流域に発達する自然堤防地形の形成年代と潟湖埋積過程」『2005年日本地理学会春季学術大会講演要旨集』NO, 67をもとに、松本秀明氏の助言を受けて作成。

地帯Ⅰ：丘陵・段丘	地帯Ⅱ：扇状地性の地形面	地帯ⅢA：自然堤防・後背湿地	地帯ⅢB：浜堤列・堤間湿地
1　多賀城跡	8　燕沢遺跡	15　沓形遺跡	22　原遺跡（名取市）
2　多賀城廃寺跡	9　与兵衛沼窯跡	16　高田Ｂ遺跡	23　戸ノ内遺跡
3　山王遺跡	10　八木山緑町遺跡	17　藤田新田遺跡	24　荒井広瀬遺跡
4　市川橋遺跡	11　陸奥国分寺跡	18　下飯田遺跡	25　荒井南遺跡
5　鴻ノ巣遺跡	12　陸奥国分尼寺跡	19　富沢遺跡	26　下増田飯塚古墳群
6　中野高柳遺跡	13　南小泉遺跡	20　長町駅東遺跡	
7　沼向遺跡	14　中在家南遺跡	21　郡山遺跡	

第22図　仙台平野中北部の微地形分布と主な遺跡

②中部（名取川下流域）

広瀬川を支流とする名取川は、河川堆積物の供給量が比較的大きく、縄文海進のときでも海岸線は前進したほどであった。丘陵から両河川の合流点付近まで、標高5〜16mほどの扇状地性の微高地が広く発達している特徴がある。この微高地とその東側周辺には、旧河道に沿って自然堤防、その背後に後背湿地が形成されている。

③南部（阿武隈川下流域）

阿武隈川は河川堆積物の供給量が七北田川よりも小さい。扇状地性の微高地の発達はなく、低平な地形面が広がり、後背湿地の標高は3m未満である。平野の東西幅は南端へ少しずつ狭くなっていく。

このうち、北部の七北田川下流域と中部の名取川下流域には対象とする遺跡が多いため、第22図に表層微地形分類と地帯区分、主な遺跡を示した。遺跡の地形的な環境をいくつかに分けた地帯区分は、名取川下流域では、西：陸側から東：海側へ、構造線の西側を地帯Ⅰ：丘陵・段丘（ⅠA：丘陵、ⅠB：段丘）、構造線の東側を地帯Ⅱ：扇状地性の地形面（勾配：約2/1000、標高5〜8m以上）と、地帯Ⅲ：地帯Ⅱ東方の低平な地形面（勾配：約1/1000）に区分し、地帯Ⅲは自然堤防が形成される範囲（ⅢA）と浜堤列が形成される範囲（ⅢB）に細分している（斎野 2008）。七北田川下流域では、地帯Ⅰが構造線の西側と、平野北側の丘陵に展開し、地帯Ⅱは認められない違いがあり、地帯ⅢAに広く後背湿地が分布し、自然堤防が比較的限られた範囲に形成されている特徴がある。そして、この地帯ⅢAの微地形形成で重要なのは、第Ⅰ浜堤列の西方：陸側に、縄文時代中期以降、中世まで、潟湖の広がる埋没微地形が推定されることである。

第 2 章　弥生時代：約 2000 年前の津波災害

日本列島では、弥生時代の津波災害は、関連する文献史料がないため、津波痕跡の調査で検出された被災遺構をもとに実態を考えていく。仙台平野では、東日本大震災以降、調査事例が増加しており、弥生時代中期中葉（2000 年前）の地震痕跡と津波痕跡との連動性が確認されて、大きな震災があったことが明らかにされている（斎野 2017b）。本章では、以下の平野中部の 6 遺跡と平野南部の 1 遺跡の調査事例を通して、震災前後の集落動態から社会の変化を考えていきたい。

・仙台市沓形遺跡：津波堆積物と被災遺構（水田跡）
・仙台市荒井広瀬遺跡：地震による地割れ跡・津波堆積物と被災遺構（溝跡）
・仙台市荒井南遺跡：津波堆積物と被災遺構（水田跡）
・仙台市中在家南遺跡：地震による地割れ跡・津波によって運ばれた海生珪藻
・仙台市富沢遺跡：地震による水田土壌の変形と被災遺構（水田跡）
・仙台市高田 B 遺跡：津波堆積物と被災遺構（水田跡）
・山元町中筋遺跡：津波堆積物と被災遺構（水田跡）

1．沓形遺跡の調査

（1）遺跡の概要

遺跡は、仙台市若林区荒井字矢取東、沓形他に所在する（第22図15、第23図）。仙台平野中部の名取川下流域において、地帯ⅢAにあり、標高2mほどの後背湿地に主に立地する。仙台市教育委員会により、2006年に試掘調査が行われ、水田跡の発見によって2007年1月に約10ヘクタールが遺跡登録された。2007年、2008年に第1次調査、2010年に第2次調査、2011年に第3次調査、2012年に第4～6次調査、2019年に第7次調査が行われている。

（2）第1次調査の報告

基本層序は、1層から7c層まで、大別14層、細別24層を確認している。約20000m^{2}の調査を行い、4時期の水田跡を検出した（仙台市教育委員会2010b）。各水田跡とその時期は、3a層水田跡：中世～古代、4a層水田跡：古墳時代前期、6a1層水田跡：弥生時代中期中葉、6a2層水田跡：弥生時代中期中葉以前である。このうち弥生時代中期中葉の6a1層水田跡が津波による被災遺構であり（第2図、第6図、第24図）、それを覆う基本層5b層（砂層）が津波堆積物であることが明らかになっている（松本・吉田2010）。6a1層水田跡は、勾配0.34～0.63％の低平な地形面と谷状の地形面を選地しており、谷状の地形面には水路が設けられている。水田区画は、大畦畔と、これに直交もしくは平行する小畦畔によって区画されており、平面形は方形を基調とする。一区画の面積は、16～

30m^{2}である。

（3）第2次〜第7次調査

遺跡範囲は、これらの調査によって拡大し約20ヘクタールに及ぶ。この範囲には基本層5b層が6a1層を覆って分布しており、弥生時代中期中葉の水田が廃絶したことを示している。第3次調査では、水田面に認められる津波痕跡として、①畦畔際の不整形の凹部（第25図）、②水田面の脈状の凹部（第26図）が認められる（仙台市教育委員会2012）。

第23図　沓形遺跡遠景（高速道路の手前が沓形遺跡第1次調査区：仙台市教育委員会2010b）

（4）時期と年代

6a1層水田跡の耕作土から弥生時代中期前葉〜中葉の弥生土器や石器などと、水路に堆積した5b層から弥生時代中期中葉

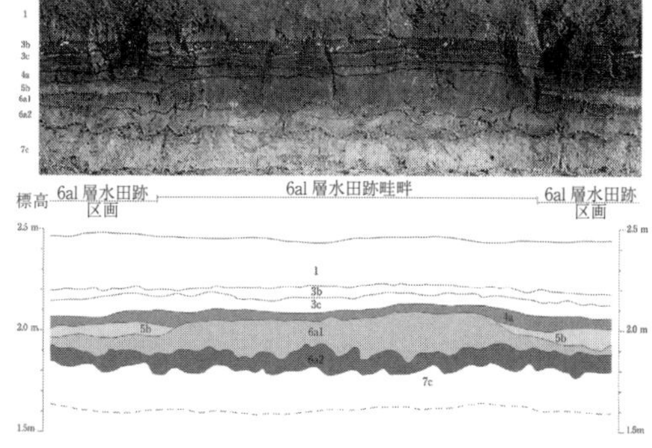

第24図　沓形遺跡第1次調査基本層序（仙台市教育委員会2010b）

第 25 図　水田跡畦畔際の不整形の凹部（仙台市教育委員会 2012）

第 26 図　水田面の脈状の凹部確認状況（仙台市教育委員会 2012）

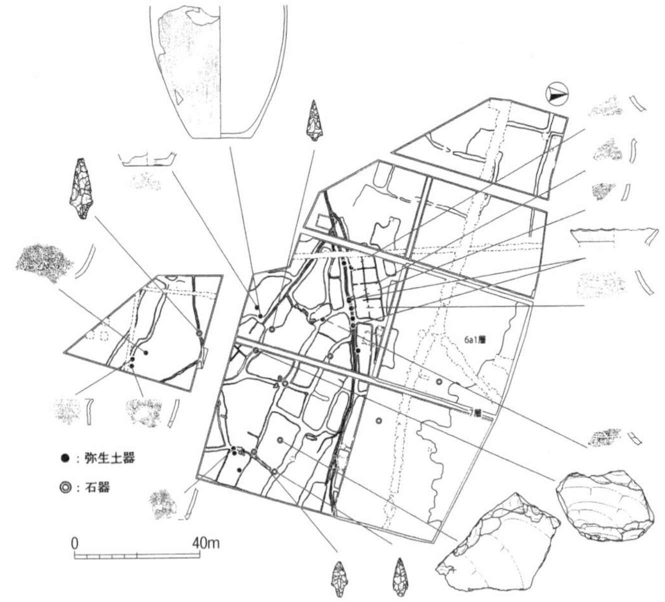

第 27 図　沓形遺跡第 1 次調査 6a1 層水田跡遺物出土状況（仙台市教育委員会 2010b）

の土器が出土している（第27図）。土器の主体は最も新しい中期中葉中段階の中在家南式土器（仙台市教育委員会 1996、斎野 2011）であり、水田跡の廃絶時期を示している。放射性炭素年代測定は、2地点で基本層5b層の上層と下層でなされている（松本・吉田 2010）。一つの地点では、上層：2060±30yrBP（IAAA-62311）、下層：2160±30yrBP（IAAA-62310）、もう一つの地点では、上層：2050±30yrBP（IAAA-62315）、下層：2240±30yrBP（IAAA-62314）という測定値が得られている。この測定年代は、ボーリング調査で確認された遺跡東方に分布する基本層5b層に対応する津波堆積物の年代測定値とほぼ同じである。

（5）津波の規模の推定

東北学院大学の松本秀明（2011）によって、沓形遺跡第3次調査において2011年3月11日の津波堆積物の分布との比較検討から、第28図のように、基本層5b層を堆積させた津波の遡上距離の算

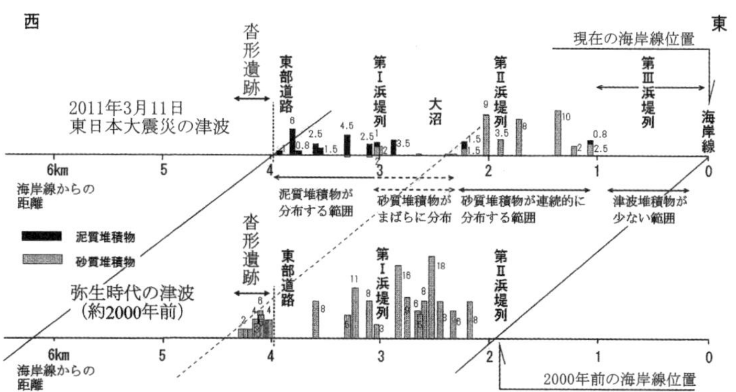

第28図　沓形遺跡と津波遡上距離算定図（仙台市教育委員会 2011：原図松本秀明）

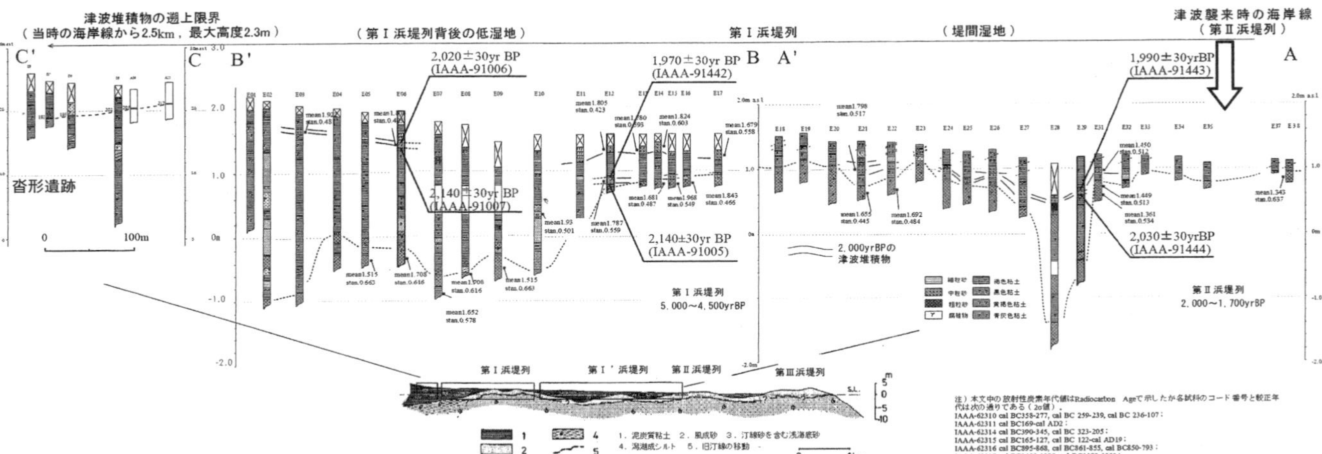

第29図　沓形遺跡基本層5b層と津波堆積物の連続性（松本2010に一部加筆）

定がなされている。この津波の泥質堆積物は確認されず、砂質堆積物の面的な分布が、現在の海岸線から約4.5km地点にある沓形遺跡で確認される。当時の海岸線は、現在の海岸線から2km陸側、第Ⅱ浜堤列の海側にあると推定され、ボーリング調査により、ここから約2.5km地点まで砂質堆積物が連続的に分布していたことになる（第29図）。これを、海岸線から約4kmに及んだ2011年3月11日の津波堆積物の分布をもとに、泥質堆積物の堆積域を含めた津波遡上距離を算定すると、砂質堆積物の連続的な分布は海側60%なので、2.5km：60%=X：100%で、X≒4.2kmとなる。つまり、弥生時代の津波は、2011年3月11日の津波と同規模か、それよりやや大きかったと考えられる。

この推定は、津波堆積物の分布を示す第8図において、遡上距離2.0〜2.5km以上の津波に相当するので、津波の砂質堆積物の到達距離と、推定される遡上距離は整合する。

2．荒井広瀬遺跡の調査

（1）遺跡の概要

遺跡は、仙台市若林区荒井字広瀬に所在する（第22図24）。仙台平野中部の地帯ⅢAにあり、標高3〜4mの主に旧河道（自然流路跡）に立地する。現在の海岸線からの距離は4kmである。仙台市教育委員会により、2010年に試掘調査が行われ、溝跡や自然流路跡の発見によって2012年10月に約0.5ヘクタールを遺跡登録し、2013年に第1次調査、2015年に第2次調査を行っている。第1次調査では、弥生時代から平安時代にかけて、遺構あるいは遺物

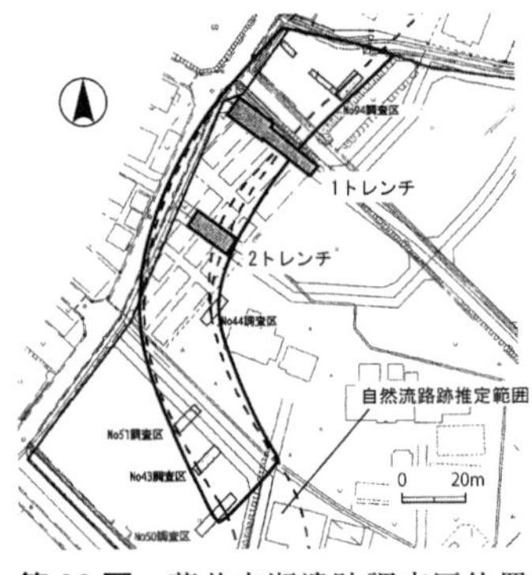

第 30 図　荒井広瀬遺跡調査区位置図（仙台市教育委員会 2014b）

が検出されている。

（2）第 1 次調査の報告

南北 2 カ所の調査区で 270m^2 の調査を行い、南側の調査区（2 トレンチ：第 30 図）において、自然流路跡 1 条、弥生時代の溝跡 1 条のほか、溝跡底面で地割れ跡、自然流路跡および溝跡で津波堆積

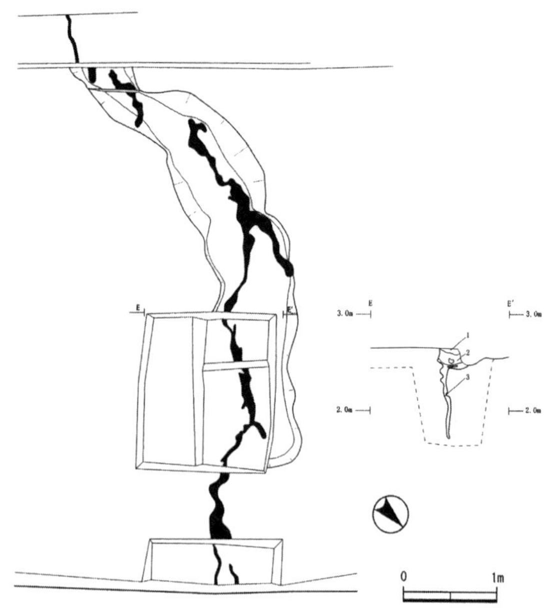

第 31 図　荒井広瀬遺跡 SD2 溝跡と地割れ跡の平面図・断面図（仙台市教育委員会 2014b）

第 32 図　荒井広瀬遺跡 SD2 溝跡と地割れ跡検出状況（写真：仙台市教育委員会）

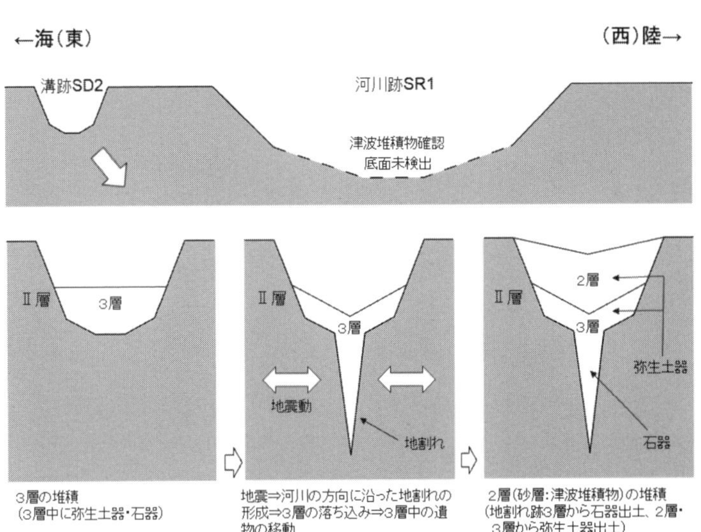

第 33 図　荒井広瀬遺跡 SD2 溝跡の変形過程模式図

物を検出した（仙台市教育委員会 2014b）。基本層序は、Ⅰa層から Ⅲ層まで、大別3層、細別4層を確認している。遺構検出面はⅡ層上面である。

（3）地割れ跡と津波堆積物

①SD2溝跡

北東から南西方向にやや屈曲しながら延びる溝跡である（第31図）。堆積土は3層に分けられ、1層は基本層Ⅱ層を主体とする砂質シルト、2層は細砂を多く含む粘土である。2層の主体をなす細砂は、松本秀明により、前述の沓形遺跡と同じ津波堆積物であるとする見解が示されている。3層は基本層Ⅱ層をブロック状に含む粘土質シルトで、第32図のように、溝跡底面で検出された地割れ跡の内部にまで落ち込んでいる。遺物は、2層から8点、3層から1点、弥生時代中期中葉の弥生土器が出土している。

②地割れ跡

SD2溝跡底面で検出した。地割れ跡は、枝分かれ状に分岐しながら調査区外へ延びていく。地割れ跡の幅は0.05〜0.2mで、深さは0.6〜0.8mである。堆積土は、SD2溝跡の3層と同じで、部分的に基本層Ⅱ層をブロック状に含むのは、地割れを引き起こした地震動による崩壊土とみられる。遺物は、層中から流紋岩製の剝片1点が出土している。

③SR1自然流路跡

SD2溝跡の西側で検出された。第30図のように、北東から南西方向に延びる自然流路跡である。方向性はSD2溝跡とほぼ同じである。幅は10.5m以上、検出面からの深さは約0.8mである。堆

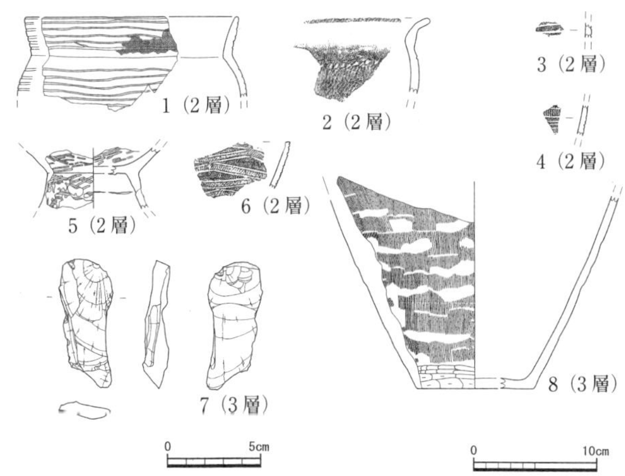

第34図　荒井広瀬遺跡SD2溝跡出土遺物（仙台市教育委員会2014b）

積土は11層確認され、泥炭質の粘土が主体を占めるなかで、10層の砂層は、松本秀明により、前述の沓形遺跡と同じ津波堆積物であるとする見解が示されている。

（4）時期・年代の推定

地割れ跡の時期は、SD2溝跡2層およびSR1自然流路跡10層で検出された砂層が沓形遺跡の6a1層水田跡を覆う津波堆積物と同じと考えられること、SD2溝跡2層と3層から弥生時代中期中葉中段階の中在家南式土器が出土し、地割れ跡内部から仙台平野で弥生時代に広く用いられた流紋岩製の剝片が出土している（第34図）ことから、弥生時代中期中葉の中在家南式期と考えられる。

（5）波源の推定

荒井広瀬遺跡の調査では、地割れの後の津波堆積物を主とする堆積によるSD2溝跡の廃絶が確認され、この遺構が地震と津波の連動性を示す被災遺構であると実証された成果が重視される。地割れ跡は、その方向性から、SR1自然流路跡の方向に沿って重力性の側方移動で生じており、地震動による開閉が起きて、本来、堆積土3層中にあった石器が、堆積土3層とともに地割れ跡から検出されている。沓形遺跡の調査成果を合わせると、津波の波源は地震の震源域である日本海溝周辺に存在しており、仙台平野では、弥生時代中期中葉中段階に、2011年3月11日の東日本大震災と同じような規模の地震と津波による災害があったことが明らかにされた。

3．荒井南遺跡の調査

（1）遺跡の概要

遺跡は、仙台市若林区荒井字丑之頭106他に所在する（第22図25）。仙台平野中部の地帯ⅢＡにあり、標高3.1〜4.7mの主に後背湿地に立地する。面積は約17ヘクタールである。荒井地区の自然堤防を挟んで、沓形遺跡の北西側に位置する。現在の海岸線からの距離は4.0〜4.7kmである。仙台市教育委員会の2012年の試掘調査で見つかった遺跡で、2013年2月に遺跡登録され、第1次調査が2013年4月〜7月、第2次調査が2013年6月〜7月、第3次調査が2015年に行われた。

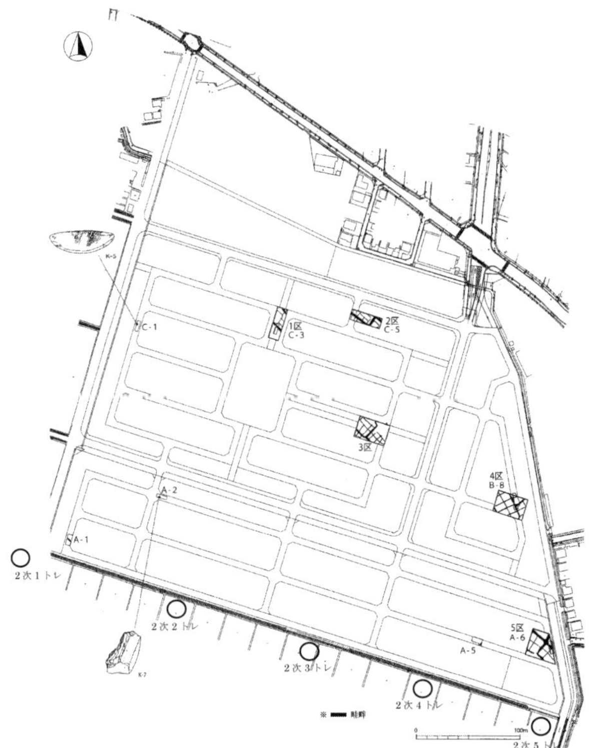

第35図　荒井南遺跡第1次調査平面図・第2次調査トレンチ（調査区）位置図（仙台市教育委員会 2014a, c）

（2）試掘調査・第1次調査の報告

試掘調査27カ所（1141m^2）、第1次調査1区～5区（2411m^2）の調査を行い、第35図のように、沓形遺跡と同様、津波堆積物である基本層5b層（砂層）に覆われて廃絶した弥生時代中期中葉の6層水田跡が検出された。基本層序は、1a層から9層まで、大別9層、細別16層を確認している（仙台市教育委員会 2014a）。

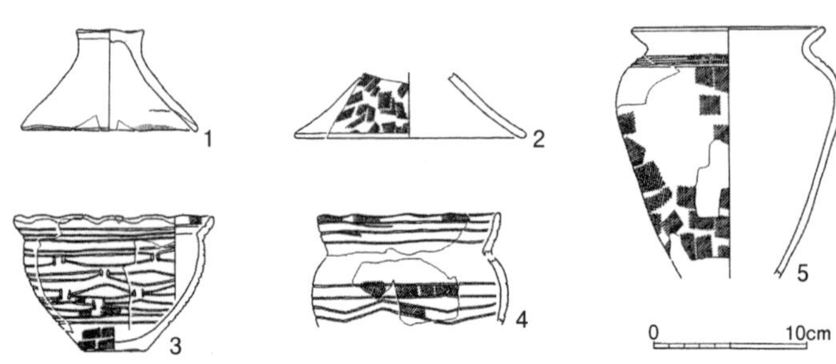

第36図　荒井南遺跡第1次調査出土遺物（仙台市教育委員会 2014a）

（3）津波堆積物と6層水田跡

6層水田跡は、勾配0.21〜0.82％の低平な地形面を選地している。水田区画は、大畦畔と、これに直交もしくは平行する小畦畔によって区画されており、平面形は方形を基調とする。一区画の面積は10〜40m^{2}である。遺物は、水田跡から弥生土器（第36図）や石庖丁などの石器が出土している。弥生土器は中期中葉中段階の中在家南式であり、水田跡の廃絶時期を示している。

6層水田跡を覆う5b層の分布は、遺跡の東半部で2〜6cmの層厚を保って面的に認められるが、西半部ではブロック状に存在する地域と存在しない地域が混在する。この点は、遺跡南辺に沿って行われた第2次調査でも同様に、西半部（第37図）では面的な分布が認められず、東半部（第38図）では面的な分布が認められる（仙台市教育委員会 2014c）。5b層の粒度分析は、松本秀明（2014a）が行っており、海浜起源の堆積物であり、沓形遺跡で確認された津波堆積物と同じと考えられた。5b層の年代に関しては、放射性炭素年代測定によって、直上：1900±20yrBP（IAAA-130804）、直下：1980±20yrBP（IAAA-130805）、という計測値が得られている。

第37図　荒井南遺跡第2次調査1トレンチ（南西部の調査区）基本層序（仙台市教育委員会 2014c）

第38図　荒井南遺跡第2次調査4トレンチ（南東部の調査区）基本層序（仙台市教育委員会 2014c）

（4）津波堆積物の到達距離

荒井南遺跡の5b層は、沓形遺跡の5b層と同様、海浜起源の津波堆積物であり、第1次調査では、それが面的に分布する範囲の西縁を発掘調査によって平面的に検出した。現在の海岸線からの距離は4.5kmであり、沓形遺跡で確認された範囲と一致する。第2次調査は、遺跡の南縁に沿って行われ、分布域が再確認されている。弥生時代の海岸線の位置は、現在の海岸線から2km、第Ⅱ浜堤列の海側と推定されており、海浜起源の5b層は津波によって運搬され、当時の海岸線から2.5km陸側へ平面的に分布することがより明確になった。

4．中在家南遺跡の調査

（1）遺跡の概要

遺跡は、仙台市若林区荒井字中在家、字札屋敷他に所在する（第22図14)。仙台平野中部の地帯ⅢAにあり、標高4.7～5.5mの主に自然堤防と旧河道（自然流路跡）に立地する。面積は約4ヘクタールである。現在の海岸線からの距離は5.1～5.7kmである。仙台市教育委員会により、1988～1993年の第1次調査の後、2017年には第10次調査が行われている。このうち、第1次調査成果の再検討が行われており、また、第6次調査では弥生時代中期中葉の津波痕跡が確認された。

中在家南遺跡では、蛇行する幅約30mの自然流路跡に弥生時代から平安時代の遺物包含層が形成され、上層では中世・近世の水田が営まれ、その西側・北側の自然堤防には、弥生時代中期中葉と古墳時代前期の墓域が形成されている。自然流路跡の遺物包含層からは、弥生時代中期中葉中段階の土器（中在家南式土器、第54図のⅢa2期の土器群、50を除く）、石器、木製品、古墳時代前期・中期の土器、木製品が多量に出土している。

（2）第1次調査報告の再検討

1988～1993年に、調査区をⅠ区～Ⅸ区に分けて、計3080m^{2}の調査が行われた（仙台市教育委員会 1996）。その後、東日本大震災が起こった2011年に行われた沓形遺跡の第３次調査を含め、それまでの仙台平野の津波痕跡を検討するなかで、中在家南遺跡Ⅸ区の珪藻分析の再検討の必要性が認識された。また、2013年に行われた荒井広瀬遺跡の調査で地割れ跡が検出され、その折、松本秀明から、過去の中在家南遺跡にも同様の痕跡があったとの指摘がなされた。

①珪藻分析

珪藻分析は、現在の海岸線から5.1kmに位置するⅨ区の南壁において、河川跡堆積土１層～15層と河川跡底面下の17層を対象として行われた（古環境研究所 1996）。ここには13層、14層、15b層は認められない。各層の時代・年代は、以下の通りである。

1層：現代水田耕作土

2層：近世水田耕作土

3a層：中世水田耕作土

3b層～8層：平安時代

9a層：古墳時代後期

9b層～11層：古墳時代中期

12a層：古墳時代前期～中期

12b層～12b′層：古墳時代前期

15a層～15d層：弥生時代中期中葉（15a′層で海生珪藻を検出）

分析の結果、検出された珪藻化石は、136分類群35属113種1亜種に及んだ。それらは、大きく海水種（海生珪藻）、海水～汽水種、汽水種、淡水種の四つに分けられ、海生珪藻は、17層にもわずかに認められたが、ほとんどは15a′層に含まれており、それよ

第 39 図　中在家南遺跡第 1 次調査Ⅷ区地割れ跡（仙台市教育委員会 1996）

第 40 図　中在家南遺跡第 1 次調査Ⅷ区地割れ跡断面（仙台市教育委員会 1996）

り上層では認められなかった。15a′層は弥生時代中期中葉の層で、層相は黒色粘土あるいは黒色粘土質泥炭である。この調査区は、当時の海岸線から約 3.0km 離れているが、15a′層の堆積には海水の遡上が関わっており、要因としては、沓形遺跡で確認された同時期の津波と考えられる。

②地割れ跡

Ⅷ区の自然流路跡の調査において、第 39 図・第 40 図のように、流路北側斜面で、流路の方向に沿ってやや蛇行しながら延びる細い溝状の痕跡が検出されていた。この痕跡は、断面をみると、上端で幅10cm前後、深さ50～100cm、下端へ向かってやや弧状をなしながら細くなっていく。堆積土は15層と類似しており、両側の16層がブロック状に混入している。これらは、前述の荒井広瀬遺跡で確認された地割れ跡と比べると、同じように方向性が河道跡に沿っていること、幅0.05～0.2m、深さ0.6～0.8mとほぼ同じ規模であること、堆積土の特徴も類似することから、同様に地震を要因として同じ時期に生じた地割れ跡と考えられる。

これらのことから、中在家南遺跡では、弥生時代中期中葉において、自然流路跡の15層の時期に、地震による地割れの形成と、地震に伴う津波の遡上による海生珪藻の堆積があったことが明らかにされた。これは荒井広瀬遺跡で検出された地割れ跡と津波堆積物に対応する。

（3）第6次調査の津波痕跡

2013年に、北区・南区で692m^{2}の調査が行われた（仙台市教育委員会2015a）。調査区は、現在の海岸線から5.3kmの位置にある。自然流路跡1条が検出された。この流路跡は第1次調査で検出された自然流路跡と同一で、その上流側に位置する。流路跡の堆積土の層序は、1層から17層まで認められる。このうち13層～15層は弥生時代中期中葉の堆積土で、第1次調査の15a層～15d層に相当する。これらの層からは、土器、石器、木製品などが多く出土している。この調査では、地割れ跡は認められなかったが、15層の上面に砂層（中粒砂）が部分的に確認されており、粒度分析によって津波堆積物であることが推定され、それに伴って行われた放射性炭素年代測定も整合する測定値が得られている（松本2015）。

（4）中在家南遺跡における震災痕跡

蛇行して流れる自然流路跡の調査が行われたなかで、第１次調査Ⅷ・Ⅸ区（現在の海岸線から5.0km 地点）で弥生時代中期中葉における地割れ跡と海生珪藻の存在が確認され、第６次調査（現在の海岸線から5.3km 地点）で地点的な砂質の津波堆積物が認められた。

これらは、地震痕跡としての地割れ跡が荒井広瀬遺跡だけではなく、複数地点で確認されたこと、津波の遡上が砂質堆積物の面的な分布域の陸側にも及んでおり、沓形遺跡で推定された遡上距離の妥当性を示している。

５．富沢遺跡の調査

（１）遺跡の概要

遺跡は、仙台市太白区長町南他に所在する（第22図19）。仙台平野中部の地帯Ⅱにあり、標高は9～16m で、扇状地性の微高地に形成された後背湿地に主に立地しており、面積は約90ヘクタール

第41図　富沢遺跡遠景（仙台市教育委員会）

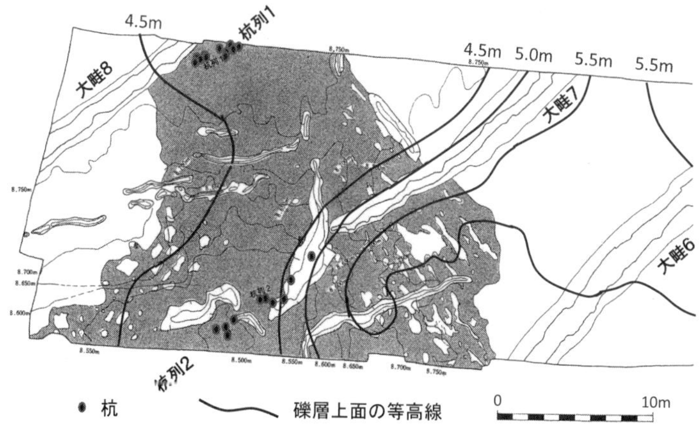

第 42 図　富沢遺跡第 15 次調査Ⅴ区礫層上面の標高と地形面の推定（礫層上面の等高線を 11a 層水田跡に投影：仙台市教育委員会 1987 に加筆）

（第 41 図）、海岸線からの距離は 9～10km である。発掘調査は、1982 年の遺跡発見以降、おもに仙台市教育委員会によって継続的に約 150 カ所で行われ、弥生時代から近世にかけて 17 時期以上の水田跡が検出されている。弥生時代の水田跡は、中期前葉以前から後期まで 8 時期の変遷がある（斎野 1999）。

（2）第 15 次調査報告の再検討

対象となるのは中期中葉の水田跡で、水田域は大きく二つに分かれている。そのうち 1985 年の東部地区第 15 次調査Ⅴ区 11a 層水田跡（第 42 図・第 43 図）において、大畦を 6 条（大畦 3～8）と、杭列を 2 列（杭列 1・2）検出した。杭列 1 は大畦 8 に沿って、杭列 2 は大畔 7 の延長上に位置する。この調査区の水田耕作土 11a 層には、他とは異なる三つの特徴（谷状の地形面、杭列と大畦、水田面の凹凸）が観察されていた（仙台市教育委員会 1987）。

（3）水田耕作土 11a 層の変形

1987 年刊行の報告書では谷状の地形面（第 42 図のトーン部分）の形成要因は不明とされ、その後も富沢遺跡で同様の調査事例がなかったことから、長らく検討されてこなかった。しかし近年、ジオアーケオロジー（地質考古学）がもたらした視点（ウォーターズ 1992 松田他訳）からすると、その要因には自然の営力による変形（塑性変形、脆性破壊、圧密、沈下）を考慮する必要があるため、検討が行われた。

①谷状の地形面

この水田跡は、勾配 1% 以下の低平な地形面を選地しており、通常、大畦間の大区画でも水田面の標高差は小さい（斎野 2005）。しかし、V 区では周囲と 20～30cm ほどの高低差が生じており、こうした地点的な谷状の地形面は、本来、存在せず、沈下による変形を示していると考えられる。それに関して注目されるのは、11a 層から 3.0～4.5m ほど下層にある礫層上面のほぼ同じ位置に谷状の凹地が認められる（第 43 図）が、11a 層より上層で検出された水田跡には谷状の地形面が認められないことである。

②杭列と大畦

杭列 1 は大畦 8 に伴っていることから、杭列 2 も同様で、その位置には、本来、大畦 7 の高まりが存在していたと考えられる。水田の構造からすると、大畦 8 と大畦 7 の上端は地形面の勾配を考慮して平坦な大区画を作る畦畔であるためほぼ同じで、また杭列 1 と杭列 2 の杭上端の標高もほぼ同じだったと推定される。そのため、杭

第43図　富沢遺跡第15次調査V区11a層水田跡（北から撮影：仙台市教育委員会1987）

第44図　富沢遺跡第15次調査V区11a層水田跡水田面の凹部検出状況（仙台市教育委員会1987）

列2と周囲の標高差が20～30cmあることは、平坦な水田面と大畦があった状態から、杭列2が周囲の土壌ごと沈下して大畦の高さもなくなる変形が起こっていることを示している。

③水田面の凹凸

谷状の地形面における11a層上面の凹部は、第44図のように人為的に掘られた遺構ではなく、自然の営力によって層の上部が変形したと考えられる。そこに上層の10a層最下部の黒色の泥炭質粘土層が堆積している。この変形は、等高線と直交して標高の低い方向に力が働いたことによる破壊の可能性がある。

（4）変形とその要因

これまでの検討から、11a層水田跡には、第42図のトーンで示した部分において、平坦な水田面とそれを区画する大畦が、沈下によってより標高の低い谷状の地形面となって大畦7の高まりがなくなり杭列2の標高も低くなる変形が生じていることが知られた。そ

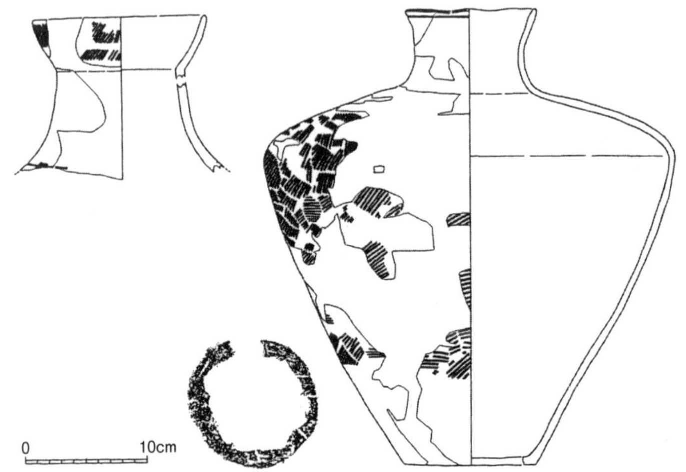

第 45 図　富沢遺跡第 15 次調査Ⅴ区 11a 層水田跡出土遺物（仙台市教育委員会 1987）

して、この谷状の地形面は、水田跡の下方 3.0〜4.5m にある礫層上面の凹部を反映しており、その形成に伴って 11a 層上面に縞状の細長い凹部を同心円状に残したと考えられる。変形が生じたのは、11a 層より上層に谷状の地形面が形成されていないため、11a 層水田が営まれていた時期であり、地中でそうした物理的な作用が働く要因には地震が想定される。

（5）地震災害痕跡

11a 層水田跡が廃絶した時期は、出土した土器（第 45 図）から、弥生時代中期中葉である。この時期には、沓形遺跡、荒井広瀬遺跡などの調査成果から、日本海溝周辺を震源域とする地震があり、地割れ跡が複数遺跡で見つかり、それに伴って東日本大震災と同規模かそれ以上の津波が発生した。富沢遺跡は、当時の海岸線から比較的遠く標高も高いことから津波被害はなかったが、検討した水田跡に見られる水田耕作土の変形と水田の廃絶は、内陸の地震災害痕跡と考えられる。

6．高田B遺跡の調査

（1）遺跡の概要

遺跡は、仙台市若林区日辺字高田、千刈田他に所在する（第22図16）。仙台平野中部の地帯Ⅲ Aにあり、標高4.0mの主に自然堤防と旧河道（自然流路跡）に立地する。面積は約4.7ヘクタールである。現在の海岸線からの距離は4.2～4.6kmである。1991～1993年に仙台市教育委員会の第1次調査、1990～1993年に宮城県教育委員会の第1次～3次調査が行われた。この遺跡では、蛇行する幅19.0～26.5mの自然流路跡において、縄文時代後期から近世にかけて、遺構あるいは遺物が検出されている。

（2）仙台市教育委員会の第1次調査

調査区は現在の海岸線から4.3kmに位置する。自然堤防の基本層Ⅵ層上面で、縄文時代後期中葉の竪穴住居跡1棟や弥生時代の円形周溝などが見つかっている。自然流路跡では、縄文時代後期中葉から弥生時代中期中葉と、古墳時代の遺物包含層が形成され、上層では平安・中世・近世の水田跡などが検出されている。下層では弥生時代中期中葉、古墳時代前期・中期の木製品や土器などが多量に出土している（仙台市教育委員会 2000b）。ここで留意しておきたいのは、縄文時代後期から形成された遺物包含層が、弥生時代中期中葉中段階の中在家南式期にいったん形成されなくなり、古墳時代前期に再び営まれていることである。

（3）宮城県教育委員会の第２次・３次調査

調査区は現在の海岸線から4.5kmに位置する。自然堤防では、弥生時代中期中葉中段階の土器棺墓、建物跡などが検出された。自然流路跡では、同時期の７層水田跡が検出された（第46図、第47図）。この水田跡は、基本層６層（砂層）に覆われ、復旧した痕跡はなく（宮城県教育委員会1994）、出土遺物（第48図）から、沓形遺跡や荒井南遺跡の水田跡と同時期に砂層の堆積を要因として廃絶していることがわかる。

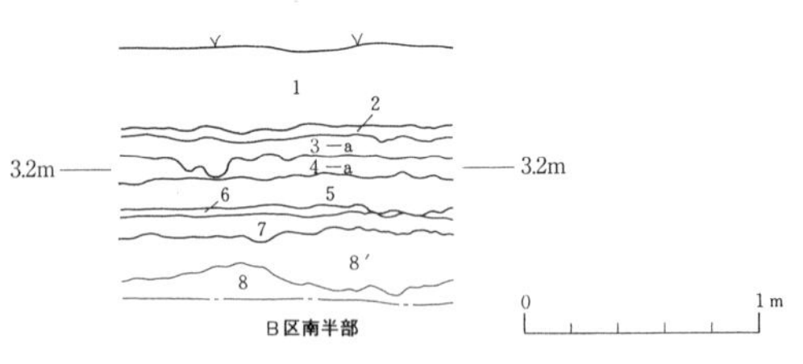

第46図　高田Ｂ遺跡第２次・３次調査基本層序断面図（宮城県教育委員会1994）

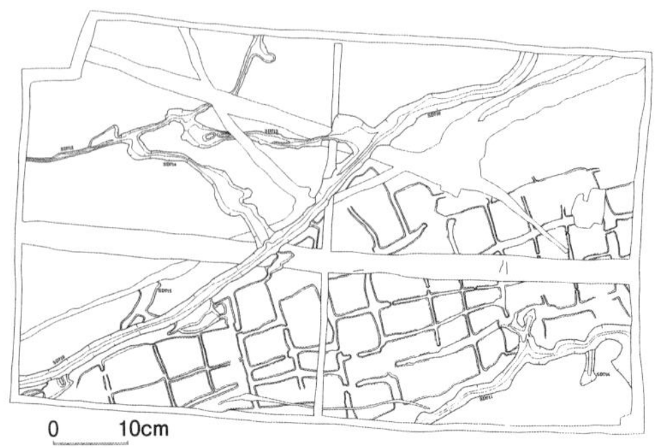

第47図　高田Ｂ遺跡第２次・３次調査７層水田跡平面図（宮城県教育委員会1994）

（4）再検討

７層水田跡の発掘調査では、それを覆う基本層６層の粒度分析は行われていなかった

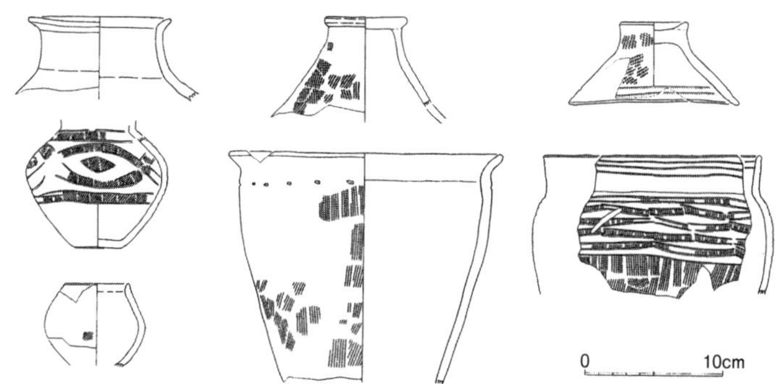

第48図　高田B遺跡第2次・3次調査出土遺物（宮城県教育委員会 1994）

が、この砂層は、沓形遺跡と荒井南遺跡の水田跡を廃絶させた津波堆積物（砂層）と同じと推定され、その理由として、以下の2点が指摘されていた（斎野 2017a）。

一つは、沓形遺跡や荒井南遺跡周辺に営まれていた集落が弥生時代中期中葉中段階に津波被害で廃絶しており、高田B遺跡およびその周辺に営まれていた集落でも同じように認められること（斎野 2008）、もう一つは、津波堆積物（砂層）の現在の海岸線からの到達距離は、沓形遺跡が3.9～4.5km、荒井南遺跡が4.0～4.5kmであり、現在の海岸線から4.5kmに位置する7層水田跡にも到達していることである。

その後、2017年に行われた仙台市教育委員会の第2次調査において同じ砂層が確認され、粒度分析を行った結果、海浜起源の津波堆積物と判明している（松本 2018）。

7．中筋遺跡の調査

（1）遺跡の概要

遺跡は、宮城県亘理郡山元町鷲足字中筋に所在する（第21図）。仙台平野南部において平野に面する標高7～10mの低位段丘に立地する。現在の海岸線からの距離は3.9kmである（第49図）。2007～2008年の分布調査で発見された遺跡で、山元町教育委員会が、2011年3月から2012年8月まで断続的に確認調査を行い、2012年8月～12月に本調査を行った。（山元町教育委員会2015、山田2015）。

（2）第1次調査の概要

A区・B区の本調査区と、確認調査32カ所を合わせて、4140m^{2}の調査が行われた。A区では、縄文時代晩期後葉～末葉の遺物包含層、弥生時代中期中葉の水田跡など、B区では、弥生時代中期～古墳時代前期以前の旧河道、古墳時代前期の土坑14基を発見している。このうち、A区の弥生時代の水田跡が、津波被害によって廃絶した被災遺構であるこ

第49図　中筋遺跡遠景（山元町教育委員会2015）

とが明らかにされた。

（3）A区の基本層序と津波痕跡

基本層序は、1層から10D層まで、大別10層、細別23層が確認されている。対象となる津波堆積物は5B層と5C層で、それによって6B層水田跡が覆われている。なお、6A層は調査区の一部にだけ分布する自然堆積層である。

（4）津波堆積物と弥生時代6B層水田跡

6B層水田跡は、A区中央部において5B層中で、畦畔5条とそれによる水田区画を3区画確認した（第50図）。一区画の面積はわからないが、平面形は方形を基調としている。水田面の標高は6.98～7.15m、地形面の勾配は2.0～2.3%ほどで、北西が高く南東が低く、水田は地形面の勾配に合わせて区画されている。水田面には、畦畔③の西側に接するようにSX1性格不明遺構が検出されている。堆積土は基本層5A層、5B層、5C層起源の砂であり、津波の遡上に伴う「①畦畔際に形成された不整形の凹部」（第14図）と類似する。

第50図　中筋遺跡6B層水田跡確認状況（山元町教育委員会 2015）

（5）時期と年代

6B層水田跡の耕作土から弥生時

代中期中葉の土器片17点が出土している。上層では、4B層から数は少ないが弥生時代後期の土器、下層では、6D層、6E層から縄文時代晩期・弥生時代の土器が出土しており、水田跡の時期は弥生時代中期中葉と考えられる（第51図）。また、5A層、5B層、5C層に関して、年代は、直上層と直下層の放射性炭素年代測定が行われており、直上層では2020±30yrBP（IAAA-121488）、直下層では2070±30yrBP（IAAA-121489）という数値が得られており、粒度分析では津波によってもたらされた津波堆積物と推定している（松本・遠藤 2015）。

（6）津波の遡上距離について

弥生時代中期の海岸線は、第Ⅱ浜堤列の海側にあったと推定されており、現在の海岸線より1.6km陸側に位置する。中筋遺跡はそこから2.3km陸側にあり、津波堆積物5A層、5B層、5C層の分布が調査区中央部付近より西側には分布しないことから、この付近が津波堆積物の到達限界だったと考えられている。中筋遺跡の西方

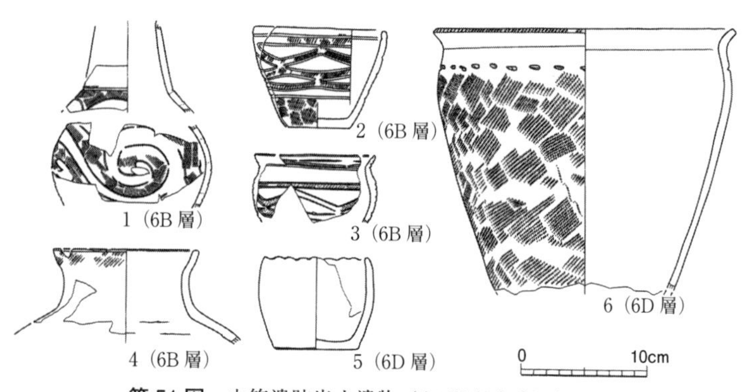

第51図　中筋遺跡出土遺物（山元町教育委員会 2015）

への津波の遡上は不明であるが、周辺の調査で明らかにしていく必要がある。

中筋遺跡の調査は、仙台平野において、弥生時代中期中葉の津波災害が、平野中部の沓形遺跡とその周辺とともに、平野南部にも及んでいたことを示している。

8．津波の規模と波源の推定

仙台平野の弥生時代中期中葉中段階（中在家南式期）における地震に伴う津波の規模と波源は、7遺跡の調査成果から、以下のように考えられる。

（1）津波の規模の推定

平野中部では、弥生時代の砂質堆積物の分布は、現在の海岸線から4.5km、当時の海岸線から2.5kmである。弥生時代の津波遡上距離は約4.2kmであり、海岸線から2.5〜4.2kmには泥質堆積物が分布する。そのため、当時、海岸線から3.0〜3.3kmに位置していた中在家南遺跡には、面的な砂質堆積物の分布はないが、津波は遡上し、海生珪藻を残していった（第52図）。この津波は、算定した遡上距離から、仙台平野の地形区分において、地帯ⅢＢと、地帯ⅢＡの一部を浸水域とした（第53図）。

平野南部では、当時の海岸線から2.5kmに位置する中筋遺跡で、津波堆積物（砂層）に覆われた水田跡が検出されている。遺跡範囲において、陸側の西側半分に津波堆積物（砂層）は分布しておらず、西限が確認される。この砂質堆積物の分布距離は、平野中部と

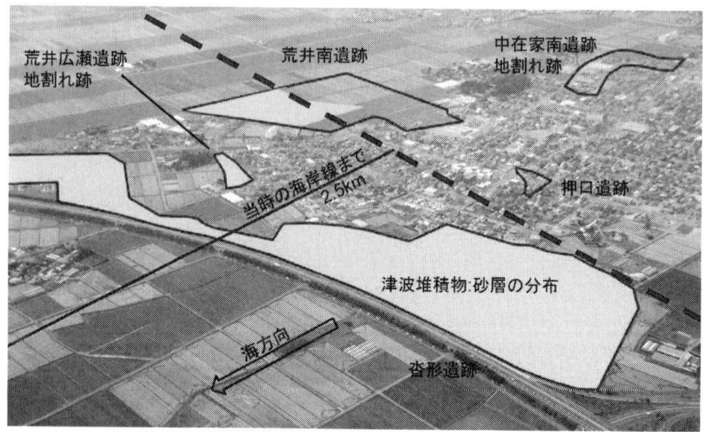

第52図　沓形遺跡周辺における地震・津波痕跡（北東から撮影、写真：仙台市教育委員会）

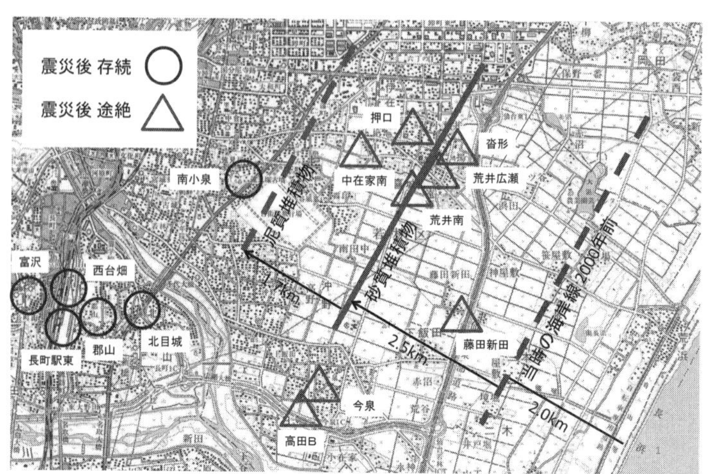

第53図　仙台平野中部名取川左岸における震災前後の遺跡の継続性（斎野2017a）

同じであり、仙台平野には、ほぼ同じ規模の津波が遡上した。

（2）津波の波源の推定

仙台平野では、荒井広瀬遺跡で弥生時代中期中葉の溝跡の底面で地割れ跡が検出され、溝跡は、その直後に、沓形遺跡、荒井南遺跡で確認されていた津波堆積物と同じ砂層によって埋まった被災遺構と判明した。また、中在家南遺跡でも、この時期の地割れ跡が存在していたことが確認され、富沢遺跡では、沈下による水田土壌の変形が認められ、時期が同じであることから、同じ地震が要因と推定される。これらの調査から、平野中部では、弥生時代の地震は列島周辺の海域で起こり、そこを波源とする近地津波が発生し、平野を遡上したと考えられる。

9．仙台平野の津波災害

（1）時期区分と遺跡の消長

対象とする時期は、土器編年では、大洞Ａ式土器の時期から塩釜式土器の時期までである。その時期区分は、縄文晩期は後葉～末葉（大洞Ａ式～Ａ'式期)、弥生時代は前期（Ⅰ期)、中期前葉（Ⅱ期)、中期中葉（Ⅲ期)、中期後葉（Ⅳ期)、後期（Ⅴ期）に大別（斎野 2008、2011)、中期中葉と後期はさらに細別し、後期は、Ⅴa期～Ⅴc期を広義の天王山式期、Ⅴd期・Ⅴe期をそれに後続する土器群の時期とした。それに古墳時代前期（塩釜式期）が後続する。ここでは、弥生時代を第54図のように時期区分し、第3表に、流域ごとに各地帯に分けて遺跡の消長を示した（斎野 2012a)。な

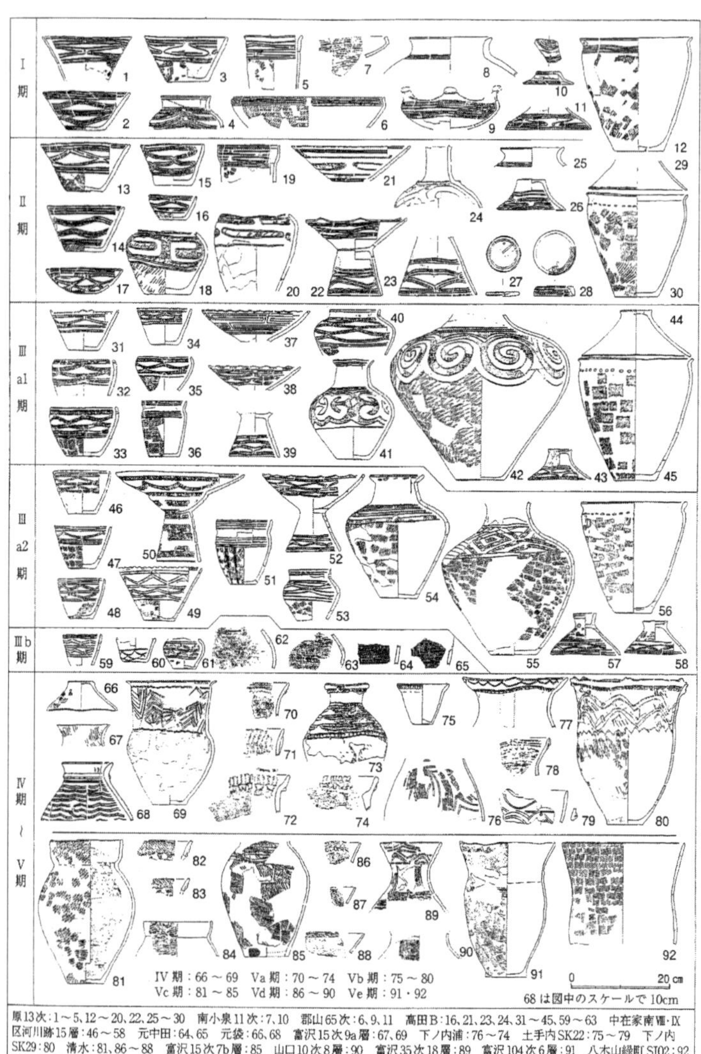

第54図　名取川下流域の弥生土器の変遷（斎野 2008）

第３表　縄文時代晩期後葉～古墳時代前期の遺跡の消長（津波痕跡の時期はⅢ a2 期）

流域	地帯	時代	縄文	弥生											古墳
		時期	晩後末	Ⅰ期	Ⅱ期	Ⅲa1 期	Ⅲa2 期	Ⅲb 期	Ⅳ期	Ⅴa 期	Ⅴb 期	Ⅴc 期	Ⅴd 期	Ⅴe 期	前期
七北田川下流域	地帯Ⅰ			＋	＋	○	＋		＋				○		○
	地帯ⅢA		＋	＋	＋	◎	◎								◎
	地帯ⅢB		○	＋	○	＋	＋	＋	＋	＋	＋	＋	＋	＋	◎
名取川下流域	地帯Ⅰ			＋	○		＋				○	＋		◎	○
	地帯Ⅱ	広瀬川左岸	○	＋	＋	○	◎	＋	○	＋	＋	＋			◎
		河間低地	○	○	○	○	◎	○	◎	◎	○	○	○	○	◎
		名取川右岸	＋	○	◎	○	＋	＋	＋	○	＋	＋	＋	＋	◎
	地帯ⅢA	名取川左岸	＋	＋	○	◎	◎	＋		＋		＋			◎
		名取川右岸				＋	＋					＋			◎
	地帯ⅢB	名取川左岸		＋		＋	＋								○

「＋」：遺物少量　「○」：包含層遺物少量あるいは遺構少数　「◎」：包含層遺物多量あるいは遺構多数　「晩後末」は晩期後葉

お、沓形遺跡で検出された津波痕跡の時期は、Ⅲ a2 期（弥生時代中期中葉中段階）である。

（２）津波前後の集落動態の理解

①北部

七北田川下流域では、地帯Ⅲ A に潟湖が広がる地形環境にあり、津波以前は、地帯Ⅲ B を含めて、潟湖を生産域とする漁撈活動が行われており、北岸の自然堤防、あるいはそれに接する地帯Ⅰ A の集落で水田稲作が行われていた可能性がある。津波以降は、遺跡数が減少する傾向にあり、地帯Ⅲ A・Ⅲ B では水田跡や居住域は見つかっておらず、地帯Ⅰ A で後期の居住域が確認されているだけで、水田稲作の広がりは認めにくい。しかし古墳時代前期になると、潟湖の周辺の地帯Ⅰ・Ⅲ A・Ⅲ B に、農耕を主とする集落や、漁撈を主とする集落が新たに形成され、方形周溝墓、古墳が築造される。

②中部

名取川下流域では、自然堤防、後背湿地が広がる地形面の展開があり、津波以前には、地帯Ⅱ・Ⅲ A・Ⅲ Bに水田稲作を生業の中心とする集落群が広がり、自然堤防に居住域・墓域、後背湿地、旧河道に生産域が形成されていた。津波以降は、地帯Ⅲ A・Ⅲ Bで集落は消滅し、Ⅲ b 期、Ⅳ期、Ⅴ期をとおして集落の形成は確認されておらず、地帯Ⅱでは、集落は存続し、Ⅴ期には地帯Ⅰにも展開する。しかし、古墳時代前期になると、七北田川下流域と同様、地帯Ⅲ A・Ⅲ Bを含めて広域的に集落の新たな形成があり、方形周溝墓、古墳が築造される。

③南部

阿武隈川以南の地域では、地帯Ⅲ A：自然堤防・後背湿地と、地帯Ⅲ B：浜堤列・堤間湿地の広がる地形面の展開はあるが、弥生時代の遺跡は、平野に面した地帯Ⅰの縁辺部に認められている。津波以前の遺構が検出されているのは中筋遺跡だけであり、ここでは、津波被害を受けて集落は廃絶していることが推定される。また、津波以降は、弥生時代の遺跡数は少なく、古墳時代前期になると古墳が築造され、平野に面して集落が形成されるようになる。

このように、平野の北部・中部では、津波に前後して集落動態に変化があり、特に、中部の名取川下流域の変化が大きいことが知られる。その後、400 年ほどを経て、古墳時代前期には、自然災害とは異なる要因で、集落動態に変化が生じている。また、平野南部においても同様の傾向が推定される。

10. 津波災害と社会

（1）集落動態

縄文時代後期中葉以降の低地における仙台平野中北部の土地利用をみると、名取川下流域では、地帯ⅢA東部の埋没自然堤防、旧河道に立地する高田B遺跡・今泉遺跡における継続的な居住域の存在、七北田川下流域では、埋没潟湖東岸にあって地帯ⅢBの第Ⅰ浜堤列に立地する沼向遺跡における晩期後葉の墓跡の存在から、地帯ⅢA・ⅢBの低地を居住域や墓域とする集落が存在しており、津波被害を想定した立地を示していない傾向がある。

これらは、集落立地の低地への進出の一端を示しているが、それに伴う自然災害に関しては、台風や洪水による被害などと同様に、津波による被害も、その一つと理解していたと考えるべきであろう。こうした災害も自然の一部と認識する自然観を保ちながら、土地利用に関する資源観は、縄文時代晩期の中頃以降、列島・半島に及ぶ広域的で相互方向的な情報伝達の一つとして水田稲作の技術体系がもたらされたことで変更され、水田稲作適地を土地資源と評価し、生業におけるこの技術体系の組織化が進められ、弥生時代へと移行していく。しかし、その資源の構成比は、地形環境によって異なり、七北田川下流域では、潟湖が広がる地形環境から、水田稲作に適した土地が少なく、遺跡数も少ないのに対して、名取川下流域では、水田稲作に適した土地が多く存在しており、弥生時代前期から中期中葉にかけて、新たな集落の形成により、生産域の拡大が広域的に進められる。中期中葉の集落の構成は、半径500mほどの範囲に複数の居住域と墓域を設け、その内側に小規模な水田域、外側に主たる生産域として広大な水田域を設定しており、全体の面積は100～200ヘクタールほどで、狩猟・漁撈活動は、その内外で行われていたと推定される。地帯ⅢＡでは、水田稲作の展開が集落の増加として確認され、地帯Ⅱでは、富沢遺跡で、水田稲作開始期には1000m^{2}ほどの水田域が、徐々に拡大していき、中期中葉には、約10ヘクタールや約20ヘクタールの水田域を形成する過程が認められており（斎野 2005）、名取川流域では、集落の増加と水田域の拡大により、下流域へ人口が移動し、地帯Ⅱ・ⅢＡに広く水田稲作を生業基盤とする集落が展開していた。それを示すように、木製の鍬や、石製の石庖丁、大型直縁刃石器（斎野 2002）などの農具各種が居住域だけでなく、生産域の水田からも出土している。

津波が発生し、遡上したのは、こうした状況においてである。津波は、地帯ⅢＡ・ⅢＢにおいて集落を廃絶させ、そこには、名取川下流域だけではなく、七北田川下流域においても、それ以降、長く農耕集落が営まれなくなる。その理由は、台風や洪水とは規模の異なる被害を受けて、縄文時代から受け継いできた自然に対する認識、つまり自然観を再考した結果にほかならない。新たな自然観では、津波被害を受けた土地は農地としないで、長期的な居住も避けることと理解されるが、狩猟や漁撈活動に伴う一時的な土地利用は弥生時代を通して認められている。一方、弥生時代になって水田稲作適地を有効な土地資源として加えた資源観は変更されておらず、水田稲作技術体系は、その後、地帯Ⅱを中心として再編成された集落群の生業基盤として存続していく。

しかし、こうした弥生時代の津波以降の集落動態は、古墳時代前期になると大きく変化する。第3表をみても明らかなように、この時期には、集落が、平野全域、地帯Ⅰ～Ⅲに広く分布する。基本的な生業の技術体系は弥生時代と同じであり、水田稲作の技術体系も受け継がれているが、地帯ⅢＡ・ⅢＢに集落が多数形成され、農耕集落のほかに漁撈を主とする集落もみられ、農具の鉄器化や、漁撈に用いる新たな土錘の出現など、生産性の向上がはかられている。なかでも、農耕集落の居住域や生産域（水田域）の占地性には、弥生時代中期中葉以前に営まれていた集落と同じ傾向もあり、堆積環境の大きな変化がないなかで保たれてきた水田稲作適地を、積極的に資源として評価し、土地利用する姿勢がみえる。古墳時代前期には、それまでとは異なり、方形周溝墓や古墳が造営され、首長を頂点とする地域社会が生まれるが、その集落動態は、自然観よりも資源観を優先したことを示している（斎野 2012a、2015a）。

一方、平野南部では、低地の弥生時代の遺跡の展開は不明なことから、その動向は今後の課題とされるが、この地域は南方へ平野の東西幅が狭くなり、丘陵・段丘と海岸線が近づいていく地形的特徴がある。そのため、平野中北部とは異なり、中筋遺跡のように段丘にも遺跡が立地するが、津波以降から古墳時代前期にかけての動向は類似している。この点は、より南方の福島県浜通りの相馬・双葉地域では、海岸線に沿って小さな平野が点在し、中期中葉から後葉にかけて、丘陵の遺跡が増加する傾向とはやや異なっている（斎野 2015b）。

（2）社会の変化

仙台平野の集落動態の特徴は、第55図に示したように、弥生時代Ⅲ a2 期（中期中葉中段階）と古墳時代前期が大きな画期となっていることである。前者は、津波被害を受けて以降、年数とすれば400 年ほど、沿岸部を避けて農耕集落が営まれるが、狩猟や漁撈活動に伴う一時的な沿岸部の土地利用は弥生時代を通して認められている。その要因は、塩害などの物理的な津波被害ではなく、心理的な津波被害による自然観の変更にあり、それが集落動態に反映していると考えられる。しかし、一方で、弥生時代になって水田稲作適地を加えた資源観は変更されず、水田稲作技術体系は、地帯Ⅱを中

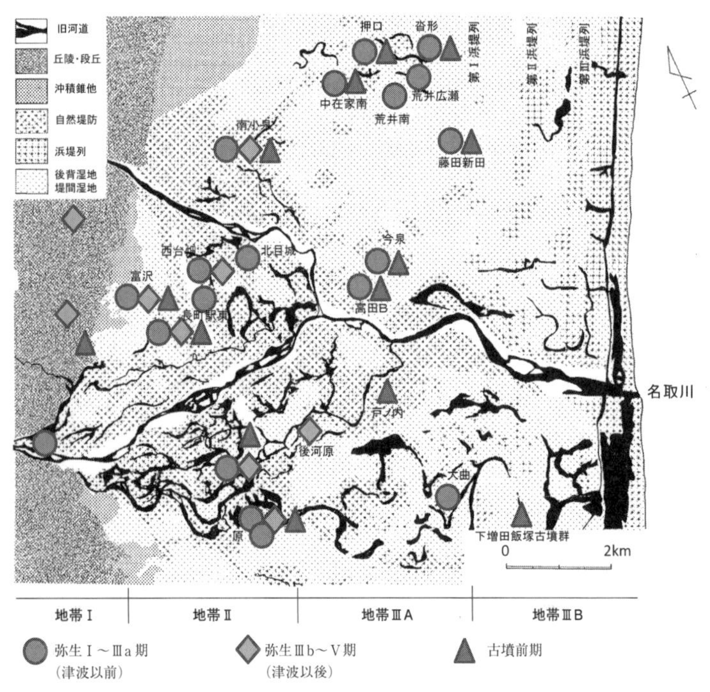

第 55 図　仙台平野中部における弥生時代～古墳時代前期の集落動態

心として再編成された集落群の生業基盤として存続していく。後者は、古墳の築造に象徴される社会への移行を示し、それまでの地域的な自然観に優先して、水田稲作適地の生産性を重視した資源観にもとづく地域支配・土地利用が、集落動態に反映していると考えられる。

第3章　平安時代：貞観11年の津波災害

『日本三代実録』によって知られる貞観11年（869）の陸奥国大震災の記事に相当する津波痕跡が仙台平野の北部と中部の遺跡で検出されている。津波痕跡には、津波堆積物と被災遺構がある。ここでは、以下の二つの遺跡を中心に、他の遺跡の調査成果をふまえながら、『日本三代実録』の史料批判を行い、貞観震災における津波災害の実態を考える。

・仙台市沼向遺跡：津波堆積物

・名取市下増田飯塚古墳群：津波堆積物と被災遺構（水田跡）

1．平野北部の沼向遺跡の調査

（1）調査概要

遺跡は、仙台市宮城野区中野字沼向地内に所在する（第22図7）。仙台平野北部の七北田川下流域において、地帯Ⅲ Aの後背湿地から地帯Ⅲ Bの第Ⅰ浜堤列にかけて立地している（第56図）。標高は、後背湿地が約0.6m、浜堤列は約1.5mである。遺跡の面積は約11.7ヘクタールである。仙台市教育委員会により、1994年から2009年にかけて、36次に及ぶ調査が行われ、約6.8ヘクタールが発掘調査され、縄文時代後期中葉～平安時代初頭の遺構・遺物と、

第 56 図　仙台平野北部沼向遺跡・多賀城跡他遠景（写真：仙台市教育委員会）

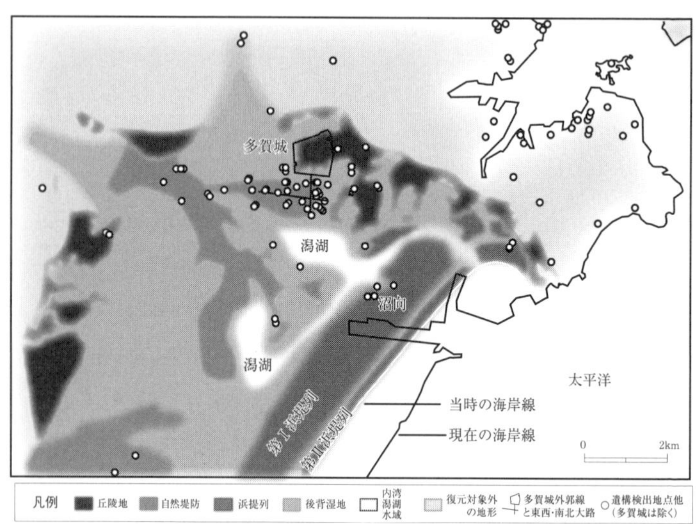

第 57 図　仙台平野北部微地形環境想定図：平安時代初頭（斎野 2012a）

近世の遺構・遺物が検出されている。

遺跡を含めた平野北部の地形環境は、第57図に示すように、遺跡西方に潟湖が広がり、陸側、つまり西方から、直接、河川の堆積作用を受ける立地にはない。

（2）津波痕跡の調査

後背湿地の基本層序は大別12層、細別24層が確認されている。第5図のように、基本層4層が延喜15年（915）の十和田a火山灰、基本層6層が貞観11年（869）の津波堆積物である。浜堤列では、大別3層、細別20層が確認されている。このうち基本層Ⅱa2層が後背湿地の基本層4層に対応する火山灰、基本層Ⅱb層が後背湿地の基本層6層に対応する津波堆積物である。両層は、第58図に示したSA914区画溝の断面のよ

中位のやや厚い白い層が十和田の火山灰層。その2層下の白っぽい薄い層（厚さ1cm）が津波堆積物の砂層

第58図　沼向遺跡SA914区画溝断面（仙台市教育委員会 2010a）

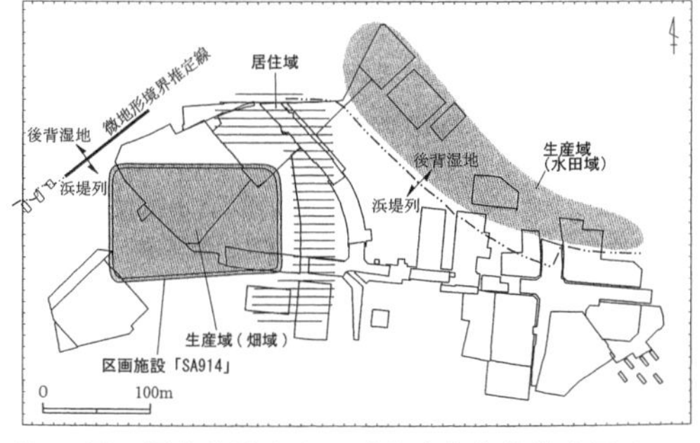

第59図　沼向遺跡奈良・平安時代集落構成図（仙台市教育委員会 2010a）

うに、古墳時代～平安時代初頭の比較的深い遺構の自然堆積層として、間層となるⅡa3層を挟んで認められる。それらの分布は遺跡の全域に広く及んでおり、現在の海岸線からの距離は2.1～2.5kmである。

（3）時期と年代

第4～34次調査によると、沼向遺跡の古代の集落は平安時代初頭（9世紀前葉）まで営まれていた。この時期の集落構成は、第59図のように、浜堤列の居住域（竪穴住居跡、掘立柱建物跡等）と生産域（畑跡）、後背湿地の生産域（9a層水田跡）から構成され、畑跡は東西140m、南北90mのほぼ長方形のSA914区画溝で区画されている。また、後背湿地基本層4層、浜堤列基本層Ⅱa2層の十和田a火山灰の降下年代は延喜15年（915）とする説が有力であることから、基本層6層の年代は、上限が9世紀中葉、下限が10世紀初頭である。この年代は、貞観11年（869）と矛盾せず、安定した堆積環境にある基本層5層から7・8層にかけては、他に砂層は確認されないため、基本層6層が貞観11年の津波堆積物であると考えられる。後背湿地と浜堤列における基本層の層序関係、年代は、以下のように整理される。

	後背湿地	浜堤列	
十和田a火山灰層	4層	Ⅱa2層	延喜15年（915）
間層（自然堆積層）	5層	Ⅱa3層	9C後～10C初
津波堆積物（砂層）	6層	Ⅱb層	貞観11年（869）

（4）周辺遺跡の調査

『日本三代実録』の貞観震災の様子が伝えられた地域として、第56図に示したように、平野北部の沼向遺跡よりも海岸線から離れた多賀城跡とその南面の方格地割に立地する市川橋遺跡と山王遺跡の震災前後の動向を見ておこう。

①多賀城跡

平野北部の標高4mの低地から、標高45mの丘陵にかけて陸奥国府の多賀城跡が立地する。外郭線は、およそ1km四方を築地塀、材木列で区画し、城域の中央南寄りに約100m四方の政庁が設けられ、その周辺はさまざまな機能をもった曹司域となっている。創建は、多賀城碑の碑文にもとづくと神亀元年（724）であり、政庁跡の遺構群の変遷から第Ⅰ期から第Ⅳ期まで、4時期に大別されている（宮城県多賀城跡調査研究所 1982、進藤 2010）。ここで対象となる第Ⅳ期（貞観11年：869～）は、貞観震災の復興期とそれ以降の時期である。

政庁跡では、貞観震災の直後の第Ⅳ期に建替えられたのは後殿と北門だけであり、主要な建物である正殿、脇殿、南門、そして築地塀は存続した（第60図）。そして、新たな瓦が生産されて、葺替えあるいは補修が行われている。政庁跡では、第Ⅰ期から第Ⅳ期までの瓦の生産地と編年が明らかにされており、第Ⅳ期の瓦は、台原・小田原窯跡群から供給されている（第61図）。それらのなかで、軒瓦の総数に対する第Ⅳ期の比率をみると、軒丸瓦は13.4%、軒平瓦は8.1%と、第Ⅰ～Ⅲ各期に比較すると低率である（宮城県多賀城跡調査研究所 1982）。

また、多賀城跡の南東約1.5kmには、創建期（第Ⅰ期）に造営

構成区分	遺構期 名称	第Ⅰ期	第Ⅱ期	第Ⅲ期 第1小期	第Ⅲ期 第2小期	第Ⅳ期 第1小期	第Ⅳ期 第2小期	第Ⅳ期 第3小期
基本的構成要素	正殿	●	●	●		○		
	脇殿	●	●	●	●	○		○
	南門	●	●		●	○		
	築地	●	●		●	○		○
	広場	●	●(石敷)					
準基本的構成要素	後殿		●	●	●	●●		
	楼		●	(●)	●			
付加的構成要素	脇門	●						
	翼廊		●					
	北殿		●					
	東・西殿		●					
	南門前殿	●						●
	北東部建物						●	
	北西部建物						●	●
	北方建物						●	
	石組溝		●					
	石敷通路		●					
その他	東・西門	◇			◇			●
	北門	◇(潜門)	●(馬道)	●	◇	●		●

●：新設　○：補修（推定）　◇：推定

第60図　多賀城跡政庁の建物・施設の変遷（宮城県多賀城跡調査研究所 2013）

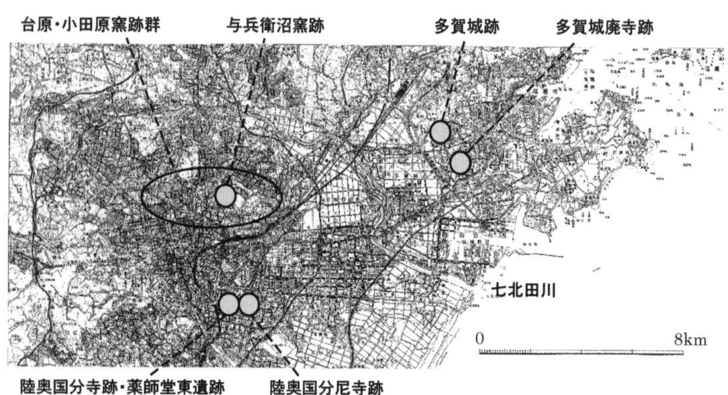

第61図　台原・小田原窯跡群と復興瓦の供給先

された多賀城廃寺があり、出土した軒瓦の比率をみると、第Ⅰ期の軒丸瓦が 85.3%、軒平瓦が 92.2% と大半を占めており、第Ⅳ期の軒丸瓦・軒平瓦がともに 6.4% と低率である（宮城県教育委員会・多賀城町 1970）。

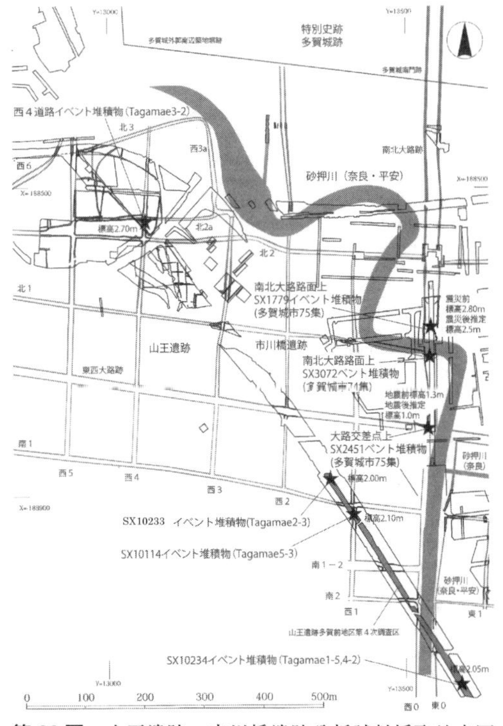

第 62 図　山王遺跡・市川橋遺跡分析試料採取地点図（宮城県教育委員会 2014）

これらのことから、貞観震災における多賀城・多賀城廃寺は、地震被害を受けていると推定されるが、建物の建替えは限定的であり、それほど大きな影響はなかったと考えられる。また、発掘調査において、貞観震災に伴う地震痕跡を示す地割れ跡などの検出は報告されていない。

②市川橋遺跡・山王遺跡

多賀城跡南面に東西方向に延びる自然堤防には、多賀城第Ⅲ期以降、方格地割にもとづく街並みの形成が確認されている。北東部は市川橋遺跡、南西部から西部は山王遺跡の範囲で、標高は 2～3m

である。

両遺跡における貞観震災の痕跡研究は、発掘調査に伴って、堆積学・地形学分野が、第62図の調査地点図のように、震災前に3地点、震災後に4地点の以下の計7地点において津波堆積物の可能性のある堆積層：8試料を対象として行われた（宮城県教育委員会2014)。

SX1779（泥質砂層）：市川橋遺跡　調査位置A（菅原他 2001、2002、多賀城市教育委員会 2004b）

SX3072（砂層）：市川橋遺跡　（多賀城市教育委員会 2004a）

SX2451（泥質砂層）：市川橋遺跡　調査位置B（菅原他 2001、2002、多賀城市教育委員会 2004b）

SX700（砂層）：市川橋遺跡　Tagamae3-2（箕浦他 2014）

SX10233（砂層）：山王遺跡　Tagamae2-3（箕浦他 2014）

SX10114（砂層）：山王遺跡　Tagamae5-3（箕浦他 2014）

SX10234（砂層）：山王遺跡　Tagamae1-5・Tagamae4-2（箕浦他 2014）・（松本 2014b）

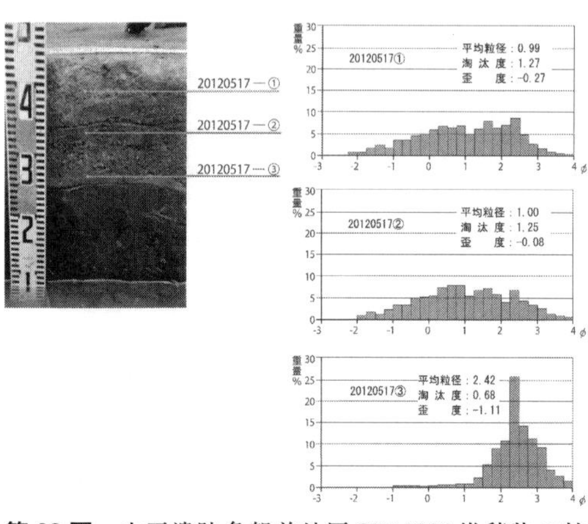

第63図　山王遺跡多賀前地区SX10234堆積物の粒度分析（松本 2014b）

このなかで松本（2014b）は、箕浦他（2014）と同じSX10234の厚さ約20cmの砂層（①上位、②中位、③下位から試料を採取）を研究対象として粒度分析を行い、平均粒径、淘汰度などの検討を行っている（第63図）。それによると、③下位の砂層について、海浜起源の堆積物である可能性を積極的に否定することはできないが、それに連続して堆積したと考えられる上部の砂層が河成堆積物と判定されることから、「これらの層厚20cm余りの砂質堆積物は、河成堆積物と判断され……低湿地が広がる地帯に洪水により河成堆積物が侵入し堆積したと考えられる」と結論づけている。

（5）平野北部の津波の遡上距離

沼向遺跡において、後背湿地基本層6層・浜堤列基本層Ⅱｂ層を堆積させた平安時代の津波では泥質堆積物は確認されず、砂質堆積物（砂層）が、現在の海岸線から約2.1〜2.5km地点にある沼向遺跡で分布が確認され、海岸線に直交する距離は400mに及んでいる。層厚は約1cmで、第28図の東日本大震災の津波による砂質堆積物の分布と層厚からすると、層厚1cmほどの面的な堆積は、砂質堆積物の到達限界付近で確認されており、それより海側では層厚が厚い。そのため、沼向遺跡の立地する第Ⅰ浜堤列の陸側が、砂質堆積物の到達限界にきわめて近い位置にあると考えられる。これは、当時の海岸線が現在の海岸線から約1km陸側、第Ⅲ浜堤列のやや陸側にあると推定されるため、津波によって海岸線から約1.5km地点まで砂質堆積物が分布していたことになる。沼向遺跡では、砂質堆積物が、後背湿地だけでなく、より標高が高く海側に位置する浜堤列にも堆積しており、それが、海側からもたらされた連続的な分布を示している。第28図の東日本大震災の津波堆積物の分布をもとに、泥質堆積物の堆積域を含めた津波遡上距離を算定すると、砂質堆積物の連続的な分布は海側60%なので、1.5km：60%=X：100%で、X≒2.5kmとなる。

しかし、この推定に関しては、津波堆積物（砂層）の分布を示す第8図において、遡上距離2.0～2.5km以下の津波では、遡上距離は砂質堆積物の到達限界とほぼ同じで、それを超える程度であることが示されており、沼向遺跡の砂質堆積物の分布が到達限界に近いことからすると、遡上距離は、1.5km強と推定され、最大でも2.5kmと考えられる。

2．平野中部の下増田飯塚古墳群の津波災害痕跡調査

（1）調査概要

遺跡は、宮城県名取市下増田字飯塚、下庚田、熊野、二反田地内に所在する（第64図）。仙台平野中部の名取川下流域において、増田川の左岸にあり、標高2.0mほどの第Ⅱ浜堤列から、標高0.5mほどの堤間湿地に立地している。遺跡の面積は約18ヘクタールである。名取市教育委員会により2004年から2008年にかけて調査が行われ、約4.5ヘクタールが発掘調査され、古墳時代前期から近世の遺構・遺物が検出されている（名取市教育委員会2012）。

（2）津波痕跡の調査

B15区北半部で、津波堆積物：基本層(6)層に覆われて廃絶した平安時代の(7)層水田跡が検出されている。(7)層水田跡は被災遺構である。

B15区は、浜堤列から西側の堤間湿地の移行する位置に立地して

いる。(7)層水田跡は、水路、畦畔、水田区画などによって構成されており、水路跡6条、大畦畔3条、小畦畔3条、水口2カ所、水田5区画が検出されている（第65図）。

（3）基本層序と津波痕跡

基本層は大別13層、細別14層が確認されている。(4)層が延喜15年（915）の十和田a火山灰、(5)層の間層を挟んで、(6)層の砂層が津波堆積物、(7)層が水田耕作土である。この層序関係は、水路跡断面でも確認されている（第66図）。

第64図　鶴巻前遺跡と下増田飯塚古墳群の位置（東日本大震災以前 斎野撮影）

（4）時期と年代

(7)層水田跡では、水田面や耕作土からの遺物の出土はないが、水路跡から土器が出土しており（第67図）、年代を推定することができる。第67図2は、SD214B水路跡の(6)層上面から出

第65図　下増田飯塚古墳群(7)層水田跡（名取市教育委員会2012）

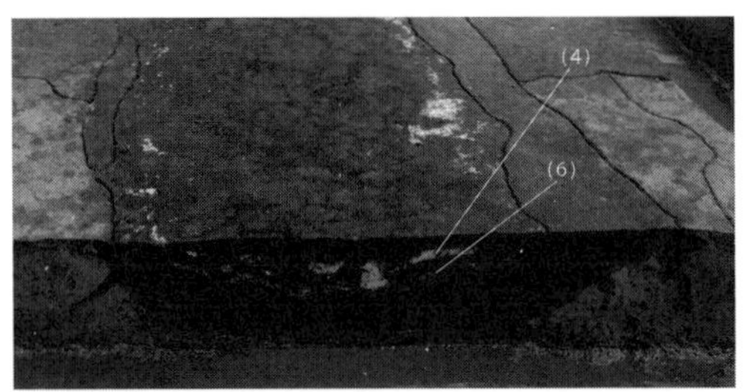

第66図　下増田飯塚古墳群(7)層水田跡 SD215 水路断面（名取市教育委員会 2012）

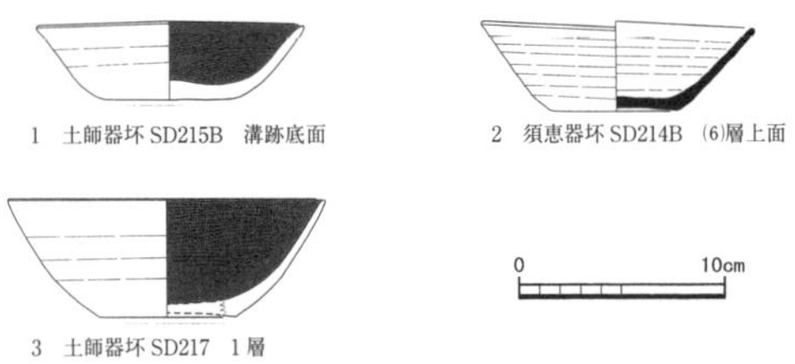

第67図　下増田飯塚古墳群(7)層水田跡水路出土土器（名取市教育委員会 2012）

土している須恵器坏である。口径は13.5cm、底径6.2cm、器高が4.3cmで、底径／口径 =0.46、底部は回転糸切り無調整、器形は内面の底部と体部の境界が屈曲し、体部が直線的に立ち上がる。こうした特徴から、この土器には9世紀後葉の年代が与えられる。また、(6)層の下位から出土した土師器坏の年代（第67図1：9世紀前葉～中葉）、(6)層より上層の(4)層が十和田 a 火山灰層であること、(4)層より上位の層から出土した土師器坏の年代（第67図3：9世紀末葉～10世紀前半）には、層序関係の整合性が認められる。これらのことから、(7)層水田跡が(6)層に覆われて廃絶した時期は、(6)層堆積直後を示す第67図2の須恵器坏から9世紀後葉と考えられる。

（5）下増田飯塚古墳群における津波堆積物の分布

基本層(6)層の砂層は、松本秀明の現地での観察によると、津波堆積物の可能性が高いという指摘がなされている。この砂層は、B15 区では調査範囲約 1000m^2 に分布しているが、下増田飯塚古墳群の他の調査区において、堤間湿地だけでなく、浜堤列においても、十和田 a 火山灰（915）・間層・砂層（津波堆積物）の層序関係が古代以前の遺構堆積土中に認められている。その範囲は、遺跡の全域に及んでおり、東西 300m、南北 600m のおよそ 18 ヘクタールである。

（6）周辺遺跡の調査

①鶴巻前遺跡の調査概要

鶴巻前遺跡は、宮城県名取市下増田字鶴巻前、字鶴巻他に所在する。下増田飯塚古墳群の陸側 1km 程に位置し、自然堤防と第Ⅰ浜堤列に立地している。標高は 1.0～2.4m である。現在の海岸線からの距離は、3.3km ～4.3km である。これまでに、発掘調査が 2 回行われている（14300m^2）。1990 年～1992 年の仙台東道路建設に伴う調査（東道路地区：9500m^2）と、2004 年～2006 年の臨空都市整備に伴う調査（臨空都市地区：4800m^2）によって、平安時代の 9 世紀の集落の存在が明らかにされている（名取市教育委員会 2012 他）。

②震災前後の動向と津波災害痕跡

東道路地区と臨空都市地区の調査では津波堆積物は確認されていない。東道路地区では、居住域の継続性が認められ、貞観 11 年（869）の津波によって、当時の竪穴住居が廃絶するような災害痕跡は確認されていない。臨空都市地区では 48 基の土坑が見つかっており、土坑群には大別 6 層が認められる自然堆積層が共通し、そのなかには十和田a火山灰の層がある。しかし、その下層には、いずれの土坑にも砂層は認められない。そのため、砂層が土坑群まで到達していなかったことになる。

（7）平野中部の津波の遡上距離

下増田飯塚古墳群において、基本層⑹層を堆積させて⑺層水田跡を廃絶させた平安時代の津波では、泥質堆積物は確認されず、砂質堆積物が、現在の海岸線から約2.4〜2.7km地点にある下増田飯塚古墳群に分布が確認され、海岸線に直交する距離は300mに及んでいる。層厚は約5cmであるが、部分的に分布が認められないところもある。これは、当時の海岸線が現在の海岸線から約1km陸側、第Ⅲ浜堤列のやや陸側にあると推定されるため、津波によって、海岸線から約1.7km地点まで砂質堆積物が分布していたことになる。そして、下増田飯塚古墳群では、⑹層の砂質堆積物は、堤間湿地だけでなく、より標高が高く海側に位置する浜堤列にも堆積しており、それが、海側からもたらされた連続的な分布を示している。この砂質堆積物の到達限界は不明であるが、西側に位置する鶴巻前遺跡では砂質堆積物は認められていないことから、第28図にある東日本大震災の津波堆積物の分布をもとに、泥質堆積物の堆積域を含めた津波遡上距離を算定すると、砂質堆積物の連続的な分布は海側60%なので、1.7km：60%=X：100%で、X ≒ 2.8kmとなる。しかし、この推定に関しては、津波堆積物（砂層）の分布を示す第8図において、遡上距離2.0〜2.5km以下の津波では、遡上距離は砂質堆積物の到達限界とほぼ同じで、それを超える程度であることが示されており、鶴巻前遺跡臨空都市地区（当時の海岸線から2.4km）には砂質堆積物の分布が及んでいないことからすると、遡上距離は、1.7km強と推定され、最大でも2.8kmと考えられる。

3.『日本三代実録』の記事の検討

六国史のなかで最後の編纂となった『日本三代実録』は、天安2年（858）から仁和3年（887）まで、清和、陽成、光孝三代の治世を対象にしている。そのなかで、貞観11年（869）5月26日の陸奥国の震災に関わる記事は、巻16と巻18にみられる。『日本三代実録』は、原本が確認されておらず、写本が30認められ、それらは一系統と考えられている（遠藤 2005）。寛文13年（1673）には、松下見林が、写本を校訂して版本を刊行しているが（以下「寛文版本」）、ここで対象とする陸奥国の震災に関わる部分を比較すると、寛文版本以降と、それより前の写本の間には、文字の異同があるため、その確認を行ったうえで、最古の写本の一つである慶長19年（1614）の写本（以下「慶長写本」。内閣文庫「特049-0017」）の巻16から史料A、B、Cを、巻18から史料Dとして以下に示し、便宜的に記事をいくつかに分けて番号をつけ、若干の検討を行う。読み下しは、竹田・佐藤訳（2009）の『読み下し日本三代実録』を参考にした。本書では、史料A、B、C、Dを除いて、他の引用は、主に「寛文版本」にもとづいた黒板勝美編（1934）「新訂増補国史大系」から引用した。また、第4表には、六国史に見られる地震・津波記事をいくつかの項目に分けて示した。

第4表　六国史にお

No.	文献・天皇	年月日	地域等・時間帯	地			
				地震動等		地形変化による被害等	
						地裂	山崩等
1	日本書紀 天武天皇	天武7年12月 678年	筑紫国	大地動之		地裂 廣二丈長三千余丈	崗崩處遷
2	日本書紀 天武天皇	天武13年10月14日 684年	飛鳥浄御原宮 人定（21-23時）	大地震			
			諸国		男女叫唱 不知東西		山崩河涌
			伊予国				湯泉没而不出
			土佐国	地動未曾有			田苑五十余万頃没為海
3	続日本紀 元明天皇	和同8年5月25日 715年	遠江国	地震			山崩壅麁玉河水為之不流
4	続日本紀 元明大皇	和同8年5月26日 715年	参河国	地震			
5	続日本紀 聖武天皇	天平6年4月7日 734年	畿内七道諸国 （平城京　大地震）	地震		地往々折裂 不可勝数	山崩河壅
6	続日本紀 聖武天皇	天平16年5月18日 744年	肥後国	雷雨地震			山崩二百八十余所 圧死人卌余人
7	続日本紀 聖武天皇	天平17年4月27日 745年	美濃国 （平城京　通夜地震）	（地震）			
8	日本後紀 嵯峨天皇	光仁9年7月 818年	相模武蔵下総常陸 上野下野等国	地震			山崩谷埋数里 圧死百姓不可勝計
9	日本後紀 淳和天皇	天長4年7月12日 827年	平安京	地大震			
10	日本後紀 淳和天皇	天長7年1月3日 830年	出羽国秋田城 辰刻（7-9時）	大地震動		地之割辟 無處不辟	両岸各崩塞 其水氾溢
11	続日本後紀 仁明天皇	承和8年2月13日 841年	信濃国 夜	地震			
12	続日本後紀 仁明天皇	承和8年7月5日 841年	伊豆国	地震			
13a	文徳天皇実録 文徳天皇	嘉祥3年10月16日 850年	出羽国国府	地大震裂			山谷易處 圧死者衆
13b	日本三代実録	嘉祥3年10月16日 850年	出羽国国府	地大震動			形成変改
14	日本三代実録 清和天皇	貞観5年6月17日 863年	越中越後等国	地大震			陵谷易處 水泉涌出
15	日本三代実録 清和天皇	貞観10年7月8日 868年	播磨国	地大震動			
16	日本三代実録 清和天皇	貞観11年5月26日 869年	陸奥国府（多賀城）	地大震動 流光如晝隠映	頃久人民叫呼 伏不能起	地裂 埋殪	
17	日本三代実録 陽成天皇	元慶2年9月29日 878年	関東諸国 （平安京　夜地震）	地大震裂			地窪陥往還不通 百姓圧死不可勝計
18	日本三代実録 陽成天皇	元慶4年10月14日 880年	出雲国 （平安京　地大震）	地大震動			
19	日本三代実録 光孝天皇	仁和3年7月30日 887年	平安京 申時（15-17時）	地大震動			
			五畿七道諸国	大震			

ける地震・災害記事

震				津波	No.
建物と人の被害等			人・家畜の被害		
寺社	官舎	百姓盧舎			
		百姓舎屋 毎村多仆壊			1
					2
寺塔寺社	官舎	百姓舎屋	人民及六畜 多死傷之		
破壊之類不可勝数					
				大潮高騰海水飄蕩 運調船多放失	
		民家百七十余區蔽幷苗損			3
	壊正倉卌七	百姓廬舎 往ヽ陥没			4
		百姓廬舎 圧死者多			5
					6
佛寺堂塔	櫓舘正倉	百姓廬舎			7
觸處崩壊					
					8
		舎屋多頽			9
四天王寺等	城郭官舎	城内屋仆		秋田河其水涸盡流細如溝	10
皆悉顚倒		撃死百姓十五人			
墻屋 倒頽					11
		里落不全 人物損傷			12
					13a
				海水漲移迫府六里所 大川崩壊去隍一町余	13b
		壊民盧舎 圧死者衆			14
定額寺堂塔	官舎				15
皆悉頽倒					
	城郭倉庫門櫓墻壁 頽落顚覆不知其数	屋仆 圧死	馬牛駭奔 相昇踏	驚濤涌湖泝洄漲長 忽至城下去海数十百里浩々　溺死者千許	16
公私屋舎 一無全者					17
神社佛寺	官舎	百姓居盧			18
或顚倒或傾倚損傷者衆					
	諸司倉屋	東西京盧舎			19
	往々顚覆圧殺者衆或有失神頓死者				
	官舎 多損			海潮漲陸 溺死者不可勝計　其中摂津国尤甚	

（1）史料A

巻16貞観11年5月26日条（ユリウス暦869年7月9日）

にじゅうろくにちきび
①廿六日癸未

むつのくに　ちおおいにしんどうし　りゅうこうひるのごとくかげをうつす
②陸奥國　地大震動　流光如晝隠映

しばらくのあいだ　たみさけび　ふしておきることあたわず
③頃久　人民叫呼　伏不能起

あるいはいえたおれてあっしし　あるいはちさけてまいえいし　ばぎゅうはがいほんし　あるいはあいのぼりふむ
④或屋仆壓死　或地裂埋殭　馬牛駭奔 或相昇踏

じょうかくそうこ　もんろしょうへきの　くずれおちてくつがえるものは　そのかずをしらず
⑤城郭倉庫　門櫓墻壁　頽落顚覆　不知其數

かいこうはこうこうし　こえらいていににる　きょうとうこにわき　そかいしながくみなぎる
⑥海口哮吼　声似雷霆　驚濤涌湖　泝廻漲長

たちまちじょうかにいたり　うみをさることすうじゅう　ひゃくりこうこうとして　そのはてをわきまえず
⑦忽至城下　去海數十　百里浩々　不辨其涯涘

げんやどうろ　たちまちそうめいとなし　ふねにのるにいとまあらず　やまにのぼることおよびがたし
⑧原野道路　惣為滄溟　垂船不遑　登山難及

できししゃせんばかり　しさんびょうか　ほとんどひとつものこるところなし
⑨溺死者千計　資産苗稼　殆無子遺焉

地震・津波と震災被害を伝える記事である（第68図）。発光現象を伴う地震（②・③行目）⇒地震被害の状況（④・⑤行目）⇒津波の遡上（⑥・⑦行目）⇒津波被害の状況（⑧・⑨行目）と、短時間に起こった事象を時系列に編纂している。ここには、直接、体感したり、見たり聞いたりした具体的な内容が含まれており、なかでも津波遡上の記事は、標高が高く、海岸線や平野を見渡せる場所でしか得られない目撃内容が含まれているため、主に、丘陵上にある多賀城跡における情報にもとづいていると考えられる。

「新訂増補国史大系」と史料Aの異同は、編者の黒板勝美が「多少疑いを存すべきもの」としている2カ所がある。1カ所は、③行目「頃久」の「久」で、「新訂増補国史大系」では「之」とし、「之、原作久、今従印本及類史171」と頭書している。もう1カ所は、⑥行目「驚濤涌湖」の「湖」で、「新訂増補国史大系」では「潮」と

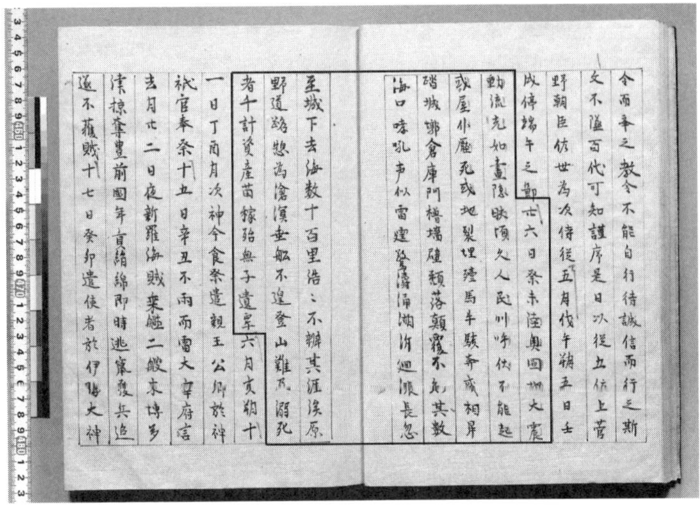
令而奉之教令不能自行待誠信而行之斯
文不滋百代可知謹序是日以従五位上菅
野朝臣佐世為次侍従五月戊午朔壬
戌侍補午之歟廿六日癸未陸奥国地大震
動流光如晝隠映頃久人民叫呼伏不能起
或屋仆壓死或地裂埋殪馬牛駭奔或相昇
踏城郭倉庫門櫓墻壁頽落顛覆不知其数
海口哮吼声似雷霆驚濤涌湖泝洄漲長忽
至城下去海数十百里浩々不辨其涯涘原
野道路惣為滄溟乗舡不遑登山難及溺死
者千許資産苗稼殆無孑遺焉六月亥朔十
一日丁酉月次神今食祭遣親王公卿於神
祇官奉祭十五日辛丑不雨而雷大宰府言
去月廿二日夜新羅海賊乗艦二艘来博多
津掠奪豊前国年貢絹綿即時逃竄發兵追
逐不獲賊十七日癸卯遣使者於伊勢大神

第68図　史料A『日本三代実録』貞観11年（869）5月26日陸奥国震災の記事（慶長写本：国立公文書館所蔵）

し、「潮、原作湖、今従同上（印本及類史171）」と頭書している。「印本」は寛文版本のことである。「類史171」とは「類聚国史　巻171災異部5地震」のことであるが、それがどの写本あるいは版本を示すのかはわからない。現存する「類聚国史　巻171」の最古とみられている写本（前田育徳会尊経閣文庫編 2001：尊経閣文庫所蔵の古本四巻のうちの一巻）では、この2文字は、「久」、「湖」と記されており、寛文版本の校訂が誤っていたと考えられる。

「頃久」は「しばらくの間」を意味し、本震の時間の長さをよく伝えている。「驚濤涌湖」は、潟湖が存在する当時の地形環境が、寛文版本の校訂の際に理解されなかったことにもよるが、主語は「驚濤」なので、「涌」の次には、「湖」のように、場所を示す文字が入るのが自然であり、「涌潮」では意味が通りにくい。この記事は、沼向遺跡の報告で推定された当時の地形環境（第57図）と一致しており、津波の遡上を知るうえで重要である。なお、史料Aには、以下の誤字がある。「垂」は「乗」、「計」は「許」、「子」は「孑」である。

i）震災の時間帯と発光現象

震災の時間帯に関しては、古くから発光現象を夜とする説と昼とする説がある。「夜説」は、吉田東伍（1906）によって「……「流光如晝蔭映」の語によれば、夜中の事と見えるは宜しいが……」とあり、「昼説」は、武者金吉（1932）によって「……記す所簡短ではあるが、実況見るが如く、貴重なる資料と云うべきである。天候についての記載のないのが遺憾であるが、普通の電光とは異なるやうに思はれる。また、斯くの如き記述は歴史の編纂者が机上で作り得べきものではないから、決して根拠無き記事ではあるまい」とある。本書では、斎野（2012a）にもとづき「昼説」を支持している。震災の時間帯は日中であり、その理由として、『日本三代実録』では、夜に起こったことは、「夜」の記述があるが、ここにはその記述がないこと、短い時間のなかで目撃による記事が多くあることによる。その点では、「流光如晝隠映」が示す発光現象は、日中でも影ができるほど、非常に明るいと感じるような発光を意味し、「如晝」は、「真昼のごとく」と理解され、地震発生時に「伏す」行為が目撃されている。なお、日中の影のない状態は、通常、曇天あるいは雨だった可能性もあるが、地震に伴う日月異常が起こっていた可能性もある。

地域も異なり、年代は遡るが、地震・津波に関心が高かった古代ギリシャでは、アリストテレスによると、地震前に雲もないのに太陽に霧がかかって薄暗くなることや、日中または日没間もないうちに、晴れた空にあたかも注意深く引いた直線のような小さな輝いた雲の縦縞が現れるという（泉・村松訳 1969）。

ii）六国史における津波災害記事

六国史には、第4表に示したように、震災記事が19件あり、そのうち以下の5件に津波災害の記述がある。

No.2 天武13年（684）10月14日：人定（21：00-23：00）に起こった地震に伴う土佐国の津波被害が記されている。夜間のため、地震時の人々の叫び声が記され、津波遡上の目撃情報は記されていない。運調船や田畑の津波被害は、翌朝、確認されたことである。

No.10 天長7年（830）1月3日：辰刻（7：00-9：00）に起こった地震の後、引き波によって秋田河の河口付近の水がなくなる現象が記されている。出羽国の城柵である秋田城からの目撃情報と考えられる。その後に起こったであろう押し波による被害は記されていない。

No.13 嘉祥3年（850）10月16日：（日中）時刻の記述はないが、地震の後、津波が遡上し、国府に迫ったことが記されている。出羽国の国府である城輪柵からの目撃情報と考えられる。

No.16 貞観11年（869）5月26日：（日中）時刻の記述はないが、地震が起こったときに人々が「伏す」行為をしたと目撃されている。そして、津波が遡上し、平野が浸水する様子が記されている。陸奥国の国府である多賀城からの目撃情報と考えられる。

No.19 仁和3年（887）7月30日：申時（15：00-17：00）に起こった地震の後、津波が遡上し、摂津国の被害が最も大きかったと記されている。

これらの記事には、震災が夜間に起こった№2には津波遡上の記述はないが、震災が日中に起こった№10、13、16、19には津波目撃情報の記述が共通して認められる特徴がある。海岸から離れた平安京などの宮都では、津波目撃情報はきわめて貴重であるため、遠く離れた№10、13、16のような城柵官衙からの報告も編纂の対象になったと考えられる。それぞれの目撃記事に伴う報告は、地震と津波による災害の一部始終を伝えていたのであろうが、編纂の過程で簡潔にまとめられている。そこで重視されたのが、目撃情報にもとづいた津波の記述なのであり、津波があったことがわかるように記されている。

ⅲ）「數十百里」と「去海數十　百里浩々」

史料Ａの⑦行目「數十百里」には、これまでにいくつかの理解がなされてきたが、『日本三代実録』の数量表記などから、「去海數十　百里浩々」とするのが適切であると考えられる。

史料Ａには、数量を示す「数十」、「百」、「千」が用いられている。これらの単位は「里」、「人」であるが、『日本三代実録』には、里の場合、具体的な実数の記述はほとんどなく、小さい方から順に「一二許里」、「二三里」、「三四許里」、「數里」、「六里」、「數十里」、「卅許里」、「百餘里」、「二百餘里」、「數百里」、「千里」、「數千里」、「万里」がみられ、「數十百里」という用例はない。しかし、「數十」の用例は比較的多く、その単位には、「里」のほかに、「數十家」、「數十事」、「數十年」、「數十巻」、「數十人」、「數十宇」があり、単位を後ろにつけない「其巻數十」、「株鮮數十」の用例もある。そのため、この記事は、「數十百里」とする見方もあるが、「數十（里）」

と「百里」を分け、津波の浸水域について、海岸線に直交する距離（遡上距離）を「去海數十（里）」、海岸線に平行する距離を「百里浩々」と示し、「數十（里）」は「数里よりは長い距離」、「百里」は目撃した場所から南方、「遠くまで」という意味で使われていたと理解すべきである。それに加えて、史料Ａには当時の文章に一般的に用いられていた四六の句法がみられ、それぞれ四字からなる「去海數十」と「百里浩々」とすることで文体も整うのである。なかでも、「浩々」には、六国史において、以下の用例がある。

『続日本後紀』嘉祥元年（848）８月５日条

「辛卯　洪水浩々　人畜流損　河陽橋断絶　僅殘六間」

『文徳天皇実録』天安２年（858）５月22日条

「壬午　大雨　洪水□溢　河流盛溢　水勢滔々　平地浩浩　橋梁断絶　道路成川」（□は文字不明）

いずれも水害による記事で、目の前に広い空間が広がっている様子が表現されていること、四六の句法において、四字の前二文字に「洪水」、「平地」、後二文字に「浩々」、「浩浩」があることは、「百里浩々」と共通性が高く、無理がない。これらのことからも、「去海數十」は、「數十」の単位を省略したとするのが妥当なのである。なお、「浩々」は、六国史において、『続日本後紀』承和14年（847）３月15日「従彼浩々之權」に初めて見られるが、他の用例は本文中の３例だけである。承和５年（838）に日本に伝えられた『白氏文集』（内田 1968）の漢詩文の一節に「海漫漫　風浩浩」があり、これがその原典の可能性が考えられる。『白氏文集』が、菅原道真をはじめとして、当時、数多くの人々に愛読されていたことからすると、『日本三代実録』の編纂にも参考にされていたのかもしれない。

iv）資料 A に記された震災の理解

多賀城跡の地震被害は、②～⑤行目に記されているが、実際の被害は、この記事より小さかったと考えられる（斎野 2012a）。本書のこれまでの検討もふまえ、⑥～⑨行目の津波被害は、注釈を入れて現代語訳をすると、「（第 57 図で推定した潟湖と外洋をつなぐ）潮口（海口）の方で大きな音がした。その音は、（おそらく津波が七ヶ浜半島に到達した衝撃音で）雷鳴のようだった。（多賀城跡から潮口は見えないが、その方角となる東方へ目をやると、右手遠方に、津波が遡上するのが見えた。）津波は、（浜堤列を越え）潟湖に達すると、驚くような波を湖面に涌き上がらせた。津波は、勢いをもって（海岸線に平行して、七北田川下流域の潟湖や陸地、名取川下流域、さらに平野の南方、遠くまで）長く伸びて遡上し、（眼前では）たちまち、（その先端が）城下に達した。（津波による浸水域は）海岸線から数里より長い距離で、（平野における南方への広がりは）百里を越えて、はるか遠くまで及び、その範囲はわからないほどである。（七北田川下流域では、潟湖を含む沿岸部の）原野とそこに続く道路が浸水域となった。（潟湖沿岸に居住していた人々は、津波が到達する前に）船に乗ろうとしたが間に合わず、（潟湖北岸に居住していた人々は）背後の丘陵に登ろうとしたが難しかった」となる。

史料 A の一連の記事は、震災時における多賀城跡とその南面の方格地割施工域における地震の揺れの様子と地震被害、主に多賀城跡から見た津波遡上の光景と津波被害を簡潔にまとめており、なかでも、臨場感のある具体的な津波遡上の記事は、編纂の根拠となった報告の信頼性の高さを示している。おそらく、この記事のもとになったのは、朝廷への震災の第一報であり、余震が続くなか、多賀城とその周辺で知りうる情報が伝えられたのだろう。陸奥国分寺のある名取川下流域など、陸奥国の他の地域の具体的な情報が含まれないのは、そのためと考えられる。

（2）史料B

巻16貞観11年9月7日条（ユリウス暦869年10月15日）

①七日辛酉（なのかしんゆう）（中略）
②以従五位上行左衛門権佐兼因幡権介（じゅごいのじょうぎょうさえもんごんのすけけんいなばごんのすけ）　紀朝臣春枝（きのあそんはるえだをもって）
③為検陸奥國地震使（むつのくにのじしんをけみするつかいとなす）　判官一人（じょうひとり）　主典一人（さかんひとり）

検陸奥国地震使として紀春枝の派遣を伝えている。この記事に「新訂増補国史大系」との異同はない。

ｉ）最初の復興策

当時、平安京から陸奥国までの移動にどの程度の日数を要したのだろうか。天長7年（830）、出羽国で起きた大地震の知らせが、25日後、朝廷に駅伝奏された記事からすると、検陸奥国地震使一行が陸奥国に到着し、すぐに帰京するだけでも、2カ月以上の期間が想定される。しかし、その派遣の約1カ月後には、詔として被災者救済策（後掲史料C）が示されているため、検陸奥国地震使の目的は、救済策を講じるための視察ではなく、他にあることになる。

推定されるのは、派遣後に存在が知られる陸奥国修理府と、過去に木工寮の木工頭の任にあった紀春枝との関連性である。紀春枝は、宮内省に属する木工寮に長く務めた官人で、斉衡3年（856）に木工助、天安2年（858）に木工頭になり、9年間の長きにわたってその任にあり、貞観9年（867）に任を解かれ、このときにはすでに前々任者となっていた。木工寮は、造営事業の行政面における主要な機関として成立し、労働力全般の徴発と、その後の工人支配・運用をも職掌としており（十川2007)、天長3年（826）には修理職を併合して組織が大きくなり、この頃には、建築、土木、修理を一手に掌り、配下に、木工、土工、瓦工、轆轤工、檜皮工、鍛冶工、石灰工などの職工が所属している。そのため紀春枝の派遣は、木工頭の実績があった官人が、令外の臨時職である検陸奥国地震使として、官衙・寺院などの施設再建・修理のために、判官、主典らを伴って下向したと理解すべきであろう。一行の主たる目的は、それらの被災状況の確認と、陸奥国修理府における作業の準備と考えられ、朝廷が最初に示した震災復興策といえる。また、その目的の一つは、三等官制の組織を下向させて震災復興にあたらせる朝廷の意向を、陸奥国へのルート上の諸国に示すことにもあったのであろう。

ii）検陸奥国地震使と史料Cの「使者」との関係

検陸奥国地震使については、後述の史料Cの「使者」と同じ官人であり、その派遣は、任官から1カ月以上経ってからとする見解もある（石井 2012)。確かに、派遣された日の記載はないが、史料Cの「使者」には建築土木事業による復興の任務はなく、他の震災の事例において「使者」が派遣された嘉祥3年（850）の出羽国地震や仁和3年（887）の五畿七道に及ぶ地震の救済策でも同様である。検陸奥国地震使のように、施設再建・修理に関わる任官の類例としては、『日本三代実録』に、史料Bの1年後およびそれ以降に、以下の「検河内国水害堤使」と「築河内国堤使」の記事がある。

貞観12年（870）7月2日条

「従五位上行少納言兼侍従 和気朝臣彝範 為検河内国水害堤使 判官一人 主典二人」

貞観12年（870）7月4日条

「従五位上右中辨 藤原朝臣良近 為築河内国堤使長官 散位従五位下橘朝臣時成 従五位下賀茂朝臣峯雄 並為次官 判官四人 主典三人」

貞観12年（870）7月22日条

「是日 遣朝使築河内国堤 恐成功未畢重有水害也」

貞観17年（875）2月9日条

「以正五位下守右中辨兼行丹波権守 橘朝臣三夏 為築河内国堤使長官」

河内国の築堤事業は古くから行われている（川内 2011）が、貞観12年（870）に新たに任官された官人の職歴をみると、木工寮に在職していたのは、検河内国水害堤使の和気彝範だけであり、貞観2年（860）に木工大允、貞観3年（861）に木工権助（～869）と、10年間、木工寮の要職を務めている。築河内国堤使は、堤を造成して復興事業を行う四等官制の組織であり、それに先行して任じられた検河内国水害堤使の役割は、水害被害の状況を現地で確認し、その対策として堤を造成する防災計画の立案にあり、和気彝範は、紀春枝と同様、木工寮における実績から選任されていることから、「検使（けみするつかい）」は、対象を良く調べて対策を講じるのが職務であると考えられる。そのため、検河内国水害堤使が最初に派遣されるのであり、7月22日の朝使は和気彝範の可能性が高く、派遣は任官20日後で、水害対策の復興事業を任務としていると推定される（斎野 2013）。

これらのことから、共に令外の臨時職である検河内国水害堤使と検陸奥国地震使は、その役割は同じと考えられ、検陸奥国地震使に、検河内国水害堤使の「堤」のように、具体的な対象が記されていないのは、復興事業が多岐にわたり特定できなかったためで、任官の記載がその後の派遣を意味することになったのであろう。つまり、天人相関思想（寺内 1982）にもとづいて一刻も早く天皇の徳政が示される必要があった状況で、朝廷は第一に復興事業を担う適材を検陸奥国地震使に任じて、程なく派遣し、その進展によって政情の安定を保つ方策を実施したのであり、検陸奥国地震使は、史料Cの「使者」と異なる扱いをすべきである。むしろ、史料Cの「使者」は、別に朝使として派遣し、検陸奥国地震使と同様、諸国を通りながら陸奥国へ達することで、朝廷の被災地への救済策を広く知らしめる役割を担ったと考えられる。

iii）震災復興における修理事業の主体

河内国の水害被害からの復興事業は、陸奥国の震災復興事業と時期が重なる。災害の大きさにもよるが、検河内国水害堤使と築河内国堤使の令外官の設置は、災害からの復興が、朝廷の主導によって、築堤事業を計画と施工に分けて組織的に行われたことを示している。そのため陸奥国においても、検陸奥国地震使とともに、築河内国堤使と同様な組織が設置されていたと考えるべきであり、後述の史料Dにある「陸奥国修理府」が相当する。河内国では、復興期間には、国司である河内守、検河内国水害堤使、築河内国堤使長官がおり、それらの官位は従五位上である。陸奥国は、河内国と同じ大国なので陸奥守の官位は従五位上で、検陸奥国地震使と同じであり、陸奥国修理府にも同格の任官があったと推定される。陸奥国では、河内国の築堤事業にもとづくと、震災復興における修理事業の主体は朝廷から派遣された令外官が担い、計画は検陸奥国地震使と施工は陸奥国修理府に分けて組織的に行っていたと考えられる。

（3）史料C

巻16貞観11年10月13日条（ユリウス暦869年11月20日）

じゅうさんにちていゆう　みことのりしていわく
①十三日丁酉　詔曰　（中略）
きくならく　むつのくにに　じしんもっともはなはだしく
②如聞　陸奥國境　地震尤甚
あるいはうみみずうみにわかにあふれてわずらいとなり　あるいはじょううくずれつぶれてわざわいをいたすと
③或海水海暴溢而為患　或城宇頽厭而致殃
たみなんのつみがありてこのかどくにあう　ぶぜんとしてはじおそれ　せめふかくわれにあり
④百姓何辜罹斯禍毒　憮然媿懼　責深在予
いまししゃをつかわし　ゆきておんくをしかしむ　つかいこくしとともになせ
⑤今遣使者　就布恩煦　使与國司
みんいをろんぜず　つとめてみずからりんぶせよ　すでにしせるものにはことごとくしゅうひんをくわえよ
⑥不論民夷　勤自臨憮　既死者盡加収殯
そのいけるものにはしんじゅつをかさねよ　そのひがいはなはだしきものには　そちょうをゆさしむるなかれ
⑦其在者詳崇振恤　其被害太甚者　勿輸租調
かんかこ　きゅうしてみずからたつあたわざるものは　ざいしょにしんりょうして　あつくささえたすくべし
⑧鰥寡孤　窮不能自立者　在所斟量　原宜支済
つとめてきんじゅつのむねをつくし　ちんみずからみるがごとくならしめよ
⑨務盡矜恤之　俾若朕親覿焉

震災による被害の概要が述べられた後、天人相関思想（寺内1982）にもとづいて、その責任が天皇の不徳にあることを詫びたうえで、多賀城へ使者を遣わし、国司に対し、公民・蝦夷（夷俘）を分け隔てせず、死者への心配りや、鰥寡孤独を含めて、被災者への賑恤、税の減免措置を実施するなど、徳政を施す救済方針を表明し、丁寧な対応姿勢を指示している。朝廷が検陸奥国地震使の派遣に次いで示した震災復興策である。このなかで、「陸奥國境」の「境」には、「範囲」の意味があるので、「地震尤甚」の地域を他の国との境界付近と考えなくともよい。

「新訂増補国史大系」との異同は、史料Cに1カ所あり、それは、津波に関わる③行目「或海水海暴溢而為患」における「海水海」を、「新訂増補国史大系」では、頭書もなく、寛文版本に倣い、「海水」としている点である。この「海水海」の記述は、慶長写本のほかに、近世の写本（昌平坂学問所旧蔵本。内閣文庫「特137-0167」）でも確認できる。「水海」（みずうみ）は史料Aの「湖」と同じで、湖の存在を示しているが、寛文版本の校訂で、史料Aと同様、誤りとされたのである。慶長写本では「あるいは、海（うみ）・水海（みずうみ）暴かに溢れて患いとなり」と読み下され、史料Aに示された被災地の地形、津波被害の状況をふまえていることがわかる。「水海」の用例（下線）は、『日本三代実録』では、富士山の噴火に関連して、

貞観6年（864）5月25日条

「大山西北 有本栖水海 所燒岩石 流理海中 遠卅許里 廣三四許里 高二三許丈 火焔遂属甲斐國堺」

貞観6年（864）7月17日条

「甲斐国言 駿河国富士大山忽有暴火（中略）埋八代郡本栖並剗両水海 水熱如湯（中略）両海以東 亦有水海 名日河口海」

とある。なお、5月25日条には、焼けた岩石の広がった範囲を「遠卅許里 廣三四許里」と二方向の距離で示す記事があり、史料Aで津波の浸水域の範囲を「去海數十（里）百里浩々」とした理解に通じる。

i）「湖」・「水海」の存在と「城下」

史料A、史料Cから、七北田川下流域には、当時、「湖」あるい

は「水海」が存在していたことが知られ、これは、第57図に示したように、沼向遺跡の報告（仙台市教育委員会 2010a）で推定された埋没潟湖と考えられる。ここでは津波は、海岸から第Ⅱ浜堤列、第Ⅰ浜堤列を越え潟湖に達すると、驚くような波を湖面に涌き上がらせ、勢いをもって湖面を遡上し、たちまち城下に達している。名取川下流域では潟湖の存在は推定されておらず、第Ⅰ浜堤列より陸側では、陸上を遡上しているが、両下流域における津波の先端が長く連なって見えたのは、湖上でも陸上でも遡上速度がそれほど大きくは違っていない可能性を示している。では津波による浸水域はどこまで及んだのだろうか。史料Aでは、七北田川下流域において、津波が到達した「城下」は、原野の広がるところで、道が通っており、避難の対象となった人々は船をもっていること、あるいは居住地の背後に丘陵があることがわかる。その場所は、潟湖とその北岸の一部を含む沿岸域と推定され、陸域と水域の境がなくなったとする記事と符合する地形的条件を備えている。『日本三代実録』には、「城下」の用例として、

元慶2年（878）4月28日条

「出羽国守（中略）飛駅奏言（中略）城下村邑 百姓廬舎 為賊所焼損者多」

元慶2年（878）7月10日条

「出羽国飛駅奏日（中略）又秋田城下賊地者 上津野 火内 榲淵 野代 河北 腋本 方口 大河 堤 姉刀 方上 焼岡十二村也」

の記事がある。この場合、「城下」は、城柵が支配する地域という意味で用いられており、史料Aの「忽至城下」は、七北田川下流域の平野部への津波の侵入が、多賀城（国府域）へ及ばなかったこ

とになる。また、「城」には、「施設名のみを指す場合」と、「その施設を含めた一定の広がり」である「一種の行政区画」とする意味がある（平川 1982、熊谷 2011）が、ここでは、前者をより広い意味でとらえ、この時期には、9 世紀初頭以降、蝦夷政策の転換により、丘陵上の多賀城跡における実務官衙の増加、その南面の山王遺跡東半部・市川橋遺跡における方格地割の施工による都市景観の整備により、両者が一体となって形成された政治都市（熊谷 2000）の範囲と理解される。つまり、「忽至城下」は、「忽ち津波は陸奥国府域の付近まで及んだ」のであり、「城下」は、地理的な位置関係として、具体的には方格地割施工域の南端以南で、潟湖とその周辺域とすべきであろう。

ii）墓域の形成

さまざまな救済の施策のなかで、発掘調査で検出された遺構との関連では、⑥の「既死者盡加収殯」に関して、多賀城跡外郭南西角の西方外側、方格地割の北側に位置する市川橋遺跡中谷地地区で検出されていた墓域（宮城県教育委員会 2003）が、被葬者は方格地割内に居住した都市住民であり、貞観 11 年の震災を契機として出現した可能性が高いと推定されている（柳澤 2012）。この墓域の調査では、南北 90m、東西 60m の範囲から、平面形が隅丸長方形を主体とする土葬墓（木棺墓・土壙墓）93 基、土器埋設遺構（合口土器棺墓）9 基、計 101 基の墓が検出されており、土葬墓は、副葬品（土器）があって時期がわかる墓は 12 基と少ないが、他時期の遺構との重複や十和田 a 火山灰との層位的な関係から、9 世紀後半を中心とする頃に営まれたと報告されている。しかし多くの墓は時期不明で、土葬墓同士で 4 例の重複が認められ、なかには 9 世紀中葉のSK192とそれより古いSK201の関係や、9世紀末葉〜10世紀初頭の土師器・須恵器が副葬された墓があるなど、時期幅がみられ、短期間に多数の墓が長軸方向を合わせて縦列あるいは並列するような傾向もない。これらのことから、墓域は9世紀中葉以前から10世紀初頭にかけて営まれており、墓域形成の契機を震災の救済策に求めるのはむずかしい。この墓域の形成は、都市としての多賀城における方格地割の段階的な整備過程（鈴木 2010）のなかに位置づける必要がある。

ⅲ）震災復興における救済事業の主体

資料Cの⑤〜⑨行目は、救済事業の具体的な内容を示している。その主体は、⑤行目に「使与國司」とあることから、このために派遣された使者と陸奥国司である。朝廷から一緒に救済事業を行うように指示されていることから、使者は、国司と同等の官位にあり、復興期間中、陸奥国に滞在していると考えられる。両者の救済事業における役割は、⑥〜⑧行目にあるように、公民・蝦夷（夷俘）に対する行政的な業務が中心であり、前述の修理事業とは異なっている。そのため、陸奥国の震災復興は、修理事業と救済事業に大きく分けられ、修理事業は検陸奥国地震使と陸奥国修理府、救済事業は陸奥国司と使者が、それぞれ分担して行われたと考えられ、朝廷が深く関与していることが知られる。

（4）史料D

巻18貞観12年9月15日条（ユリウス暦870年10月13日）

①十五日甲子（じゅうごにちかっし）

しらぎじんにじゅうにんをつかわし　しょこくにはいちす
②遣新羅人廿人　配置諸国

せいばいちょうしょうなんかんあんちょうぜんれんの　ごにんはむさしのくにへ
③清倍鳥昌南巻安長全連　五人於武蔵国

そうこうすうしゃみでんそうかんかいげんしょうかんさいの　ごにんはかずさのくにへ
④僧香嵩沙弥傳僧關解元昌巻才　五人於上総国

じゅんせいかさいかんさんちょうえんさいちょうしんぺいちょうせいだいそんばいちんれんあいの　じゅうにんはむつのくにへ
⑤潤清果才甘參長焉才長眞平長清大存倍陳連哀　十人於陸奥国

みことのりして　じゅんせいらかのくにのひと　みつぎのわたをかすめとりしけんぎで　すべからくじゅうけんをくわえて　こうらいをいましめよ
⑥勅　潤清等處於彼国人　掠取貢綿之嫌疑　須加重譴　以粛後来

しかれどもあやまちをゆるしつみをゆるすは　せんおうのぎてんなり　よろしくとくにゆうじゅつをくわえ　そのくにのよくじょうのちにやすめおき
⑦然肆眚宥過　先王之義典　宜特加優恤　安置彼国　沃壌之地

れいしておんびんをえさしめ　くぶんでんとえいしゅりょうをたまい　ならびにすべからくそれらのことはもっぱらせんれいにより　しゅじよりしゅうかくにいたるまで　ならびにこうろうをたまえ
⑧令得穏便　給口分田營種料　并須其等事一依先例　至于種蒔秋獲
並給公粮

そうしゃみらはゆうぐのじょうがくじにやすめおけ
⑨僧沙弥等安置有供定額寺

そのきょうきゅう　ろじしょこくにれいし　ならびにじきめずいしんのざつぶつをきゅうし　にんぷうんそうをあてつとめてじんじょをそんせよ　きんくをいたさしむることなかれ
⑩令其供給　路次諸国　並給食馬随身雑物　充人夫運送　勤存仁恕
莫致窘苦

だじょうかんのたまいて　しらぎじんだざいのみつぎのわたをぬすめとりしこと　じゅんせいらにじゅうにんおなじくこのうたがいにしょする
⑪太政官宣　新羅人大宰貢綿盗取　潤清等廿人同此疑處

すべからくはそのよしをせめかんがえて　ほうによりてつみたまうことあれど　つみをゆるしみをめぐみたまい　やすんじるところをはかりたまえ
⑫須其由責勘　法任罪給有　罪免給身矜給　安所量給

せいばいらごにんはむさしこくへ　げんしょうらごにんはかずさこくへ　じゅんせいらじゅうにんはむつこくへ　しりぞけ　たまえとのる
⑬清倍等五人武蔵国　元昌等五人上総国　潤清等十人陸奥国　退給
宣

じゅんせいちょうえんしんぺいら　さいぞうがにたけたり　むつのくににのしゅうりふのりょうのぞうがごとにあずけれいしてそのみちにたけたるものにあいしたがいつたえならわせた
⑭潤清長焉眞平等　才長於造瓦　預陸奥国修理府料造瓦事　令長其
道者相従傳習

貞観11年（869）5月22日に博多津で起こった新羅の海賊による豊前国年貢絹綿掠奪事件に共謀の嫌疑をかけられた新羅人20人を陸奥国などへ移配する記事である。「新訂増補国史大系」との異同は、史料Dに2カ所ある。それは、新羅人「真午」を「新訂増補国史大系」では「真平」としていること、「大宰」を「新訂増補国史大系」では「大宰府」としていることである。

i）陸奥国修理府と新羅人

記事の内容は四つに分かれる。最初に、編者が武蔵、上総、陸奥の三国への配置を述べ（②～⑤行目）、次に、勅によって新羅人の嫌疑を許し、先例に従って移配地で口分田・営種料を与えて生活を保護する徳政が記されている（⑥～⑩行目）。そして、太政官がこれまでの経過と天皇の徳政、三国への配置人数を宣する（⑪～⑬行目）が、その後、陸奥国への移配に一部変更があり、最後に、編者が一文を加えている（⑭行目）。変更の内容は、当初の10人のうち、潤清、長焉、真平等が「造瓦」に長けているため、移配の先の陸奥国において、「陸奥国修理府」という組織で瓦造りに従事するようになったことである。

この点については、「陸奥国の府の修－理料の造瓦事に預け」と読み下して、従来の理解（竹田・佐藤訳 2009（復刻版）他）と異なり、陸奥国修理府の存在に疑問を呈する見方がある（青森県 2001）。六国史では「修－理A料B」は、通常、Aは修理の対象施設、Bはその費用あるいは財源が記されており、一例として、『日本三代実録』には「出挙修－理官舎道橋料貞観銭六十貫文」（貞観18年（876）2月10日）があり、⑭行目でBに相当する「造瓦事」は費用や財源でなく用法が異なっている。また、後述するように、この時期には、軒丸瓦に限っても瓦当文様の同じ瓦が多賀城跡のほかに陸奥国分寺跡などでも出土しており、他の瓦を含め、新羅人の関わった瓦の供給先が国府多賀城に限定されていたとは考えにくい。むしろ文脈からは、新たに瓦造りの技術を見込まれた新羅人を、従事する機関に預けて保護し、そこでも生活の糧を得られるように措置した徳政の記述が重視され、そのうえでの⑭行目「令長其道者相従伝習」と理解されるのであり、ここは従来通り、「陸奥国修理府の料の造瓦事に預け」と読み下すべきであろう（斎野2013)。この点は、前述のように、朝廷の震災復興への関与において、修理事業に令外官を設置したことと整合する。

なお、市川橋遺跡からは「修理所」の記述のある木簡（8世紀後葉〜9世紀前葉）が出土しており（広瀬 2005)、「修理所」は多賀城に設置されていた機関であり、「修理府」と関連する可能性もあることから、今後の出土文字資料の増加に期待しておきたい。

ⅱ）復興瓦：棟平瓦・鬼瓦

陸奥国修理府で新羅人が「造瓦事」に携わった記事は、仙台市与兵衛沼窯跡の調査で、その関連性を示す発見があった（仙台市教育委員会 2010c)。与兵衛沼窯跡の1号窯跡と3号窯跡から、日本列島では、多賀城跡の他に例のない「棟平瓦」が出土し（第69図)、その供給関係と、類例が韓半島の新羅の遺跡で認められることから、陸奥国修理府と史料Dの新羅人との関連性を具体的に示すことになったのである。

与平沼窯跡では、復興瓦を生産し、多賀城や陸奥国分寺等へ供給した窯跡が5基発見されている。2基が平窯（1号・3号）で、3基が半地下式の窖窯（4号・5号・6号）である。半地下式の窖窯は従来の技術で作られている。平窯は平安京の官窯と同じ構造であり、両者の規模を比べると、

全　　長：与兵衛沼 4.3m 〜4.8m　　平安京 5m
焼成部奥行：与兵衛沼 1.1m 〜1.2m　　平安京 1m
焼成部　幅：与兵衛沼 2.1m 〜2.2m　　平安京 2m
分　焰　牀：与兵衛沼 6列　　平安京 6列

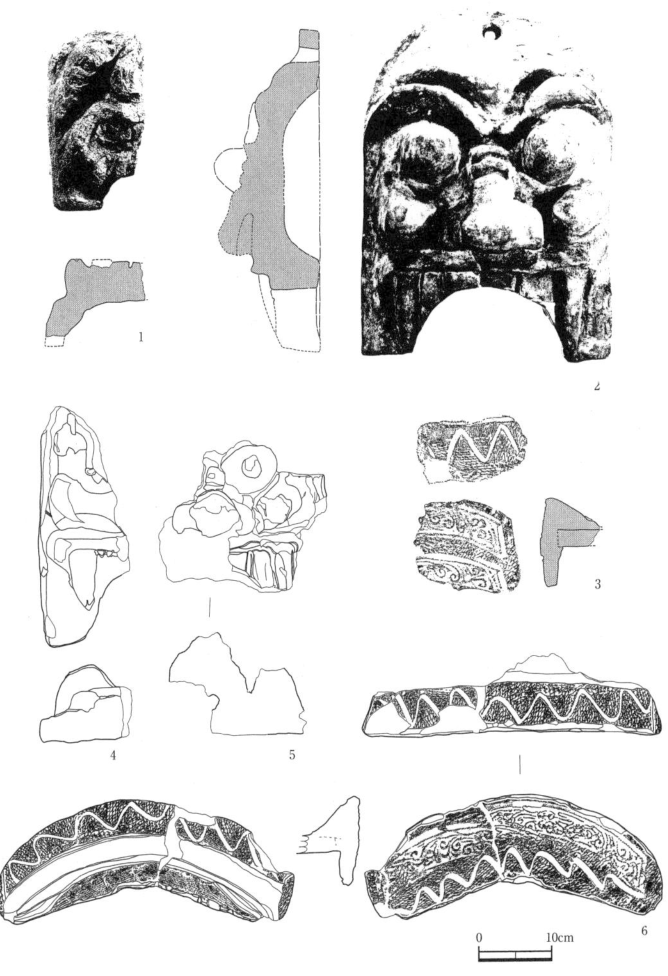

1～3：多賀城跡（宮城県多賀城跡調査研究所 1980）　4～6：与兵衛沼窯跡（仙台市教育委員会 2010c）
1，2，4，5：鬼瓦　3，6：棟平瓦

第 69 図　多賀城跡・与兵衛沼窯跡出土鬼瓦・棟平瓦（宮城県多賀城跡調査研究所 1980、仙台市教育委員会 2010c）

とほぼ同じであり、最新の技術が直接もたらされていることが知られる。これは、瓦の生産を職掌とする木工寮との密接な関連性を示している。

これらの5基の窯跡から出土した瓦は平瓦と丸瓦がほとんどを占めるが、そのほかに、数は少ないながら、平窯2基を中心として道具瓦の棟平瓦と鬼瓦が破片として出土している。なかでも棟平瓦は、3号窯跡の燃焼部左右の壁面に1点ずつ瓦当面を燃焼部側に向けて埋め込まれており、新羅人が棟平瓦の一連の生産工程に関わっていることを教えてくれる。この棟平瓦は、鬼瓦とともに多賀城跡政庁で出土しており、組み合わされて、政庁正殿などの大棟の両端、降棟・隅棟の先端を飾ったと考えられる。与兵衛沼窯跡の棟平瓦には、大きさに2種類はあることから、棟の大きさに合わせて造り分けられていた可能性がある。しかし多賀城跡政庁では、前述のように、軒丸瓦、軒平瓦の組成率が低く、すべての葺替えは行われておらず、建物の建替えも限定的である。想定される復興事業は、軒丸瓦、軒平瓦、丸瓦、平瓦は補修され、棟の先端は、棟平瓦と鬼瓦で、すべて葺替えられたと考えられる。なお、3号窯跡からはⅢc期の須恵器坏（底部：回転糸切り無調整）が出土しており、遺構の時期が9世紀後葉であることが確認される。

ⅲ）陸奥国分寺の復興

陸奥国分寺跡の震災被害は、いずれの堂塔も建替えはなく、瓦の葺替えなどの修理がなされており、工藤雅樹（1965）は、軒丸瓦・軒平瓦の出土数量が、それぞれ創建期とほぼ同じであることを明らかにしている。それを、報告書の数値をもとに出土地点別でみると、塔跡、塔回廊跡、塔南瓦溜、塔北瓦溜から多く出土し、軒丸瓦

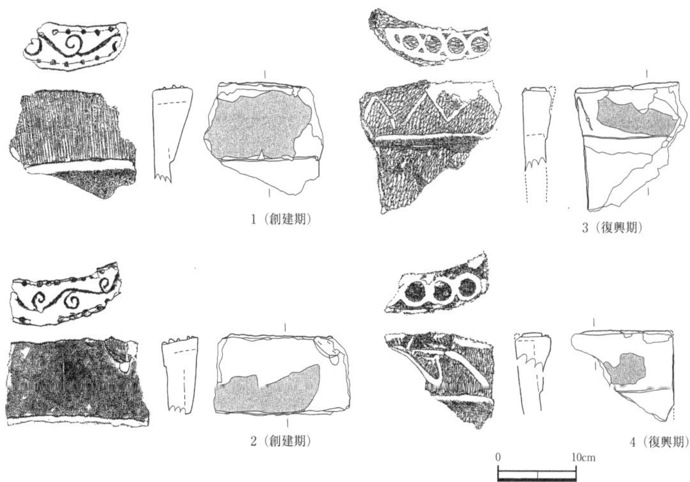

第70図　陸奥国分寺跡出土軒平瓦（トーン部分が赤色顔料の見られる範囲：仙台市教育委員会 2014d）

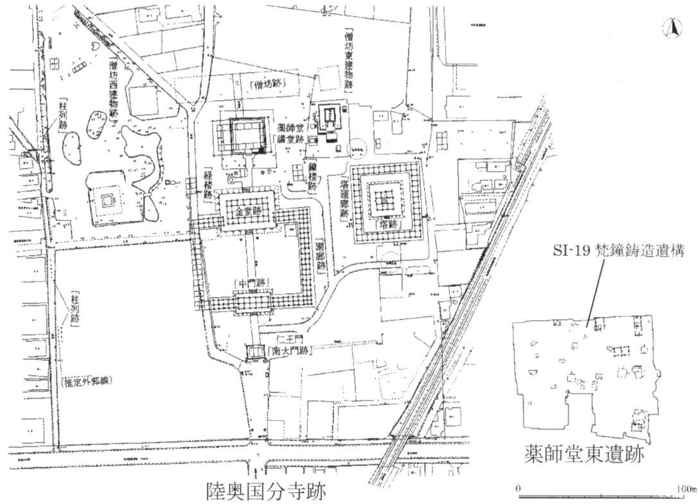

第71図　陸奥国分寺跡と薬師堂東遺跡の位置関係（仙台市教育委員会 2016に一部加筆）

第72図　薬師堂東遺跡SI-19梵鐘鋳造遺構（仙台市教育委員会2016）

1：長さ11.1cm　幅6.7cm　2：長さ14.0cm　幅10.7cm

第73図　薬師堂東遺跡SI-19梵鐘鋳造遺構出土龍頭鋳型（仙台市教育委員会2016）

で73.7%、軒平瓦で67.4%を占めている。その点では、主要な堂塔の建替えがなく、瓦の補修も少なかった多賀城廃寺跡の瓦の出土数量が、建物ごとに分散化している状況とは異なっており、陸奥国分寺跡では、塔跡の被害が比較的大きく、瓦の葺替えの主体であったと推定される。この塔跡の周辺からは、顎面に赤色顔料の痕跡のある復興期の軒平瓦が出土している（第70図）。これは、茅負を彩色するときに、刷毛状の工具が顎面に触れたことを示している。国分寺の他の建物はわからないが、塔跡は、復興のシンボルとして刷新された。塔跡に想定されるのは、軒丸瓦、軒平瓦は葺替えられ、丸瓦、平瓦は補修され、建物は彩色されたことである。

また、陸奥国分寺の南東側に位置する薬師堂東遺跡（第71図）では、復興のために金属製品を生産する工房が作られた。ここからは、複数の遺構と数多くの遺物が見つかっており、青銅製品の一連の鋳造作業、金細工、金属加工などを行っていたことが判明している（仙台市教育委員会2016）。梵鐘を含む青銅製品に関しては、この分野の研究に詳しい吉田秀享（福島県文化センター）が、燃料の生産、原材料の精錬、溶解炉（コシキ）の製作、鋳型の製作、鋳込みまでの一連の鋳造工程を復元できると評価している。なかでも、梵鐘は鋳造遺構が検出されており、一辺2m四方の方形の竪穴の中心に円形の底型を造り、その上に鋳型を載せて鋳込んでいると推定された（第72図）。堆積土からは、内子、外型　素焼外型、乳、龍頭等の鋳型の破片（第73図）が出土している。鋳造された梵鐘の大きさは、高さ110～115cm（うち龍頭高25～30cm）、口径65cmと推定されている。これらの遺構群は震災以前にはなく、貴重な原材料の管理から高度な鋳造技術までを担っている点で専門集団の関与があることから、木工寮との直接的な関係が考えられ、短期的な陸奥国分寺の復興事業と位置付けられる。

4．集落動態と貞観11年の津波災害の実態

（1）津波の規模と波源の推定

津波の規模を示す砂質堆積物の面的な分布は、平野中北部において、自然科学分野の地点的なボーリング調査成果の再検討が行われ、沼向遺跡、下増田飯塚古墳群の発掘調査成果によって確認・推定されてきた。これらの調査研究から、平野中北部では、平安時代

の砂質堆積物の分布は、現在の海岸線から2.5〜2.7km、当時の海岸線から1.5〜1.7kmであることが知られる。平安時代の津波遡上距離は、砂質堆積物の分布（1.5〜1.7km）をやや超える程度に分布すると推定される。

また、仙台平野では、『日本三代実録』に記された平安時代貞観11年（869）の地震記事に相当する地震痕跡は検出されていないが、それに伴う津波記事に相当する津波災害痕跡の時期を出土遺物から推定し、両者の整合性を確認している。これらの記録・調査から、平野中北部では、平安時代の地震は列島周辺の海域で発生し、それを波源として近地津波が平野を遡上したと考えられる。

（2）仙台平野の津波災害

津波は、算定した遡上距離から、仙台平野の地形区分において、地帯ⅢAを浸水域とし、地帯ⅢBの一部にも及んだと推定される。その時期を前後する集落動態を考えるうえで、先行研究（氏家1967、岡田・桑原1974、白鳥1980、仙台市教育委員会1994、吾妻2004等）をふまえ、時期区分を、奈良時代：Ⅰ期（国分寺下層式期）、奈良時代末葉から平安時代初頭をⅡ期（国分寺下層式期〜表杉ノ入式期）、平安時代をⅢ期（表杉ノ入式期）に大別し、さらに細別した（第74図）。そして、流域の地帯ごとに遺跡の消長を第5表に示した。このうち、津波痕跡の時期は、Ⅲc期：9世紀後葉である。

Ⅰa期　8世紀前葉（多賀城A群土器）

Ⅰb期　8世紀中葉〜後葉（多賀城A群土器）

Ⅱ　期　8世紀末葉〜9世紀初頭（多賀城B群土器）

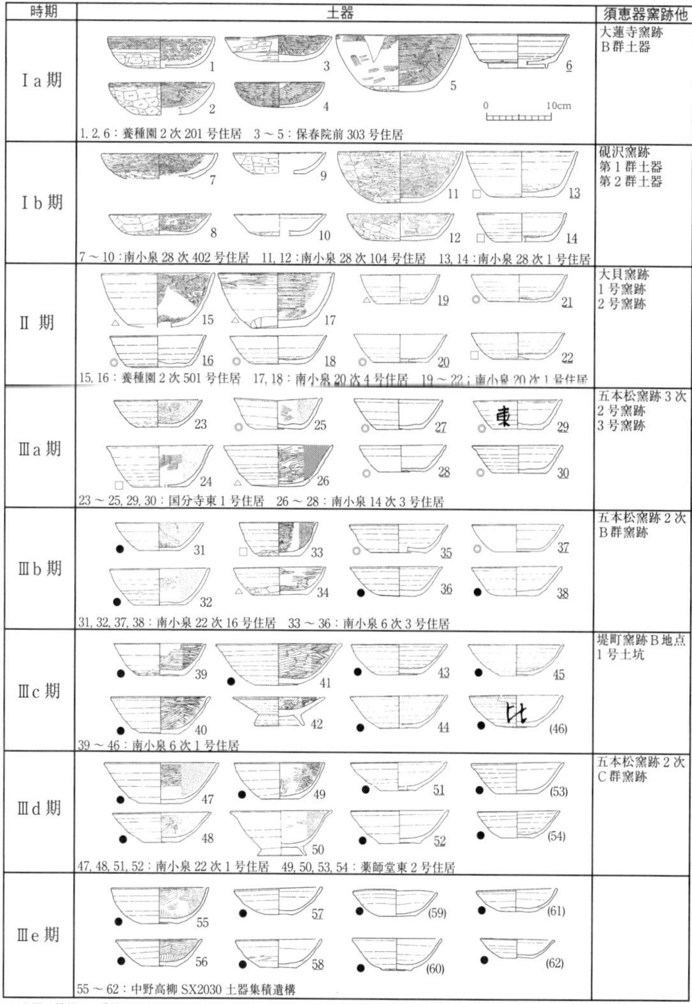

時期
土器
須恵器窯跡他
Ⅰa期
1, 2, 6：養種園2次201号住居　3～5：保春院前303号住居
大蓮寺窯跡
B群土器
0　10cm
Ⅰb期
7～10：南小泉28次402号住居　11, 12：南小泉28次104号住居　13, 14：南小泉28次1号住居
硯沢窯跡
第1群土器
第2群土器
Ⅱ期
15, 16：養種園2次501号住居　17, 18：南小泉20次4号住居　19～22：南小泉20次1号住居
大貝窯跡
1号窯跡
2号窯跡
Ⅲa期
23～25, 29, 30：国分寺東1号住居　26～28：南小泉14次3号住居
五本松窯跡3次
2号窯跡
3号窯跡
Ⅲb期
31, 32, 37, 38：南小泉22次16号住居　33～36：南小泉6次3号住居
五本松窯跡2次
B群窯跡
Ⅲc期
39～46：南小泉6次1号住居
堤町窯跡B地点
1号土坑
Ⅲd期
47, 48, 51, 52：南小泉22次1号住居　49, 50, 53, 54：薬師堂東2号住居
五本松窯跡2次
C群窯跡
Ⅲe期
55～62：中野高柳SX2030土器集積遺構

※土器の種類は、番号が数字だけのものは土師器、番号に下線が引いてあるものは須恵器、番号に（　）付きのものは赤焼土器
※ロクロで成形された土器の底部切り離し痕・調整痕は、△：手持ちヘラケズリ or ロクロナデ、□：回転ヘラ切りのち手持ちヘラケズリ or ナデ or ロクロナデ、◎：回転ヘラ切り無調整、●：回転糸切り無調整

第74図　南小泉遺跡とその周辺遺跡における奈良・平安時代の坏形土器他
（斎野 2012a）

第5表　奈良時代～平安時代の遺跡の消長（津波痕跡の時期はⅢｃ期）

流域	地帯	時代	奈良		奈良－平安	平安					主な遺跡
		時期	Ⅰａ期	Ⅰｂ期	Ⅱ期	Ⅲａ期	Ⅲｂ期	Ⅲｃ期	Ⅲｄ期	Ⅲｅ期	
七北田川下流域	地帯Ⅰ	北部	◎	◎	◎	◎	◎	◎	◎	◎	多賀城跡　高崎遺跡　郷楽遺跡　硯沢窯跡
		多賀城政庁	Ⅰ期　／Ⅱ期　／Ⅲ期					／Ⅳ期			
		西部	○	○	○	○	○	◎	◎	○	燕沢遺跡　与兵衛沼窯跡　五本松窯跡
	地帯ⅢＡ	北部	◎	◎	◎	◎	◎	◎	◎	◎	山王遺跡　市川橋遺跡（区画施設・方格地割施工域）
		多賀城南面	区画施設（古・新）／道路跡Ⅰ期					／道路跡Ⅱ期／道路跡Ⅲ期			
		西部	＋	＋	＋	＋	○	○	＋	◎	鴻ノ巣遺跡　洞ノ口遺跡　新田遺跡　今市遺跡
		南部		＋			＋		◎	○	中野高柳遺跡
	地帯ⅢＢ		◎	◎	◎	◎					沼向遺跡
名取川下流域	地帯Ⅰ	西部	○	○	＋	○	○	＋	○		北前遺跡　山田上ノ台遺跡　上野遺跡
	地帯Ⅱ	広瀬川左岸	◎	◎	◎	◎	◎	◎	◎	＋	陸奥国分寺跡　南小泉遺跡　保春院前遺跡
		河間低地	◎	◎	◎	◎	◎	◎	◎	＋	郡山遺跡　長町駅東遺跡　下ノ内遺跡　山口遺跡
		名取川右岸	◎	◎	◎	○	○	◎	◎	○	中田南遺跡　清水遺跡　安久東遺跡
	地帯ⅢＡ	名取川左岸		＋	＋		＋	○	○	＋	中在家南遺跡　高田Ｂ遺跡　今泉遺跡
		名取川右岸					○	○	○	＋	中田畑中遺跡　戸ノ内遺跡　鶴巻前遺跡
	地帯ⅢＢ	名取川左岸	○					＋	○	○	藤田新田遺跡　下飯田遺跡

「＋」：遺物少量　「○」：包含層遺物少量あるいは遺構少数　「◎」：包含層遺物多量あるいは遺構多数

Ⅲa期　9世紀前葉（多賀城C群土器）

Ⅲb期　9世紀中葉（南小泉22次ⅢA期の土器）

Ⅲc期　9世紀後葉（多賀城D群土器）

Ⅲd期　9世紀末葉～10世紀初頭（多賀城E群土器・南小泉22次ⅢB期の土器）

Ⅲe期　10世紀前葉～中葉（多賀城E群土器）

七北田川下流域では、Ⅲc期の集落は、多賀城跡と南面の方格地割施工域の周辺を中心として、地帯ⅠAの北部・西部、地帯ⅢAの北部・西部に展開しており、地帯ⅢA南部の潟湖周辺、地帯ⅢBの沼向遺跡などに、農耕集落は形成されていなかった。この傾向はその後も継続し、地帯ⅢA南部では、Ⅲd期に水田域と畑域による生産域が形成されており、津波は、集落動態にそれほど影響を与えてはいない。これは津波による主たる浸水域が、地帯ⅢA南部の潟湖周辺、地帯ⅢBで、そこに集落がなかったことに起因していると推定される。地帯ⅢAの集落において、潟湖北岸の水田域が津波による被害を受けた可能性もあるが、これまでに検出されてはいない。

名取川下流域では、Ⅲc期の集落群は、地帯Ⅱ、地帯ⅢAを中心として、地帯ⅠBにも展開し、地帯ⅢBにも新たな集落が形成される。この傾向は、その後も継続するとともに、水田域が、地帯ⅢAでは、Ⅲb期～Ⅲc期以降、地帯ⅢBではⅢc期以降に形成されており、津波は、集落動態にそれほど影響を与えてはいない。これは津波による主たる浸水域が、地帯Ⅱに及んでおらず、地帯ⅢAにおいても、より陸側の自然堤防までは及ばず、地帯ⅢBの第Ⅰ浜堤列までの被害が小さかったことを考えさせる。地帯ⅢA・

ⅢＢでは、津波被害によって廃絶された水田や畑が存在した可能性もあるが、検出されてはいない。

（3）津波災害と社会

平野北部の七北田川下流域では、沼向遺跡で発掘調査された津波痕跡から、その遡上距離は、前述のように、当時の海岸線から1.5km強と推定された。この距離からすると、第57図では、潟湖北岸の湖岸線の位置は、当時の海岸線から約2.5〜4.0kmに位置にあり、津波は、第Ⅰ浜堤列を海側から越えて、その西方に広がる潟湖の湖面を進み、一部は北岸に達したが、市川橋遺跡や山王遺跡が立地し、方格地割が施工されていた自然堤防までは達しなかったと考えられる。七北田川下流域では、津波が遡上し、被害が生じた9世紀後葉における農耕集落は、地帯ⅢＢには存在しておらず、地帯ⅢＡでも、潟湖に北から延びる自然堤防には確認されていないため、潟湖沿岸の津波による農耕への被害は、それほど大きくはなかったと考えられる。

平野中部の名取川下流域では、下増田飯塚古墳群で発掘調査された津波痕跡から、その遡上距離は、前述のように、当時の海岸線から1.7km強と推定された。ここでは9世紀の中葉から、徐々に地帯ⅢＡの東部、地帯ⅢＢへ集落が展開していく傾向がみられる。津波は、遡上距離を七北田川下流域で算定した数値とすると、地帯ⅢＢの第Ⅱ浜堤列をやや越えるところまで達し、地帯ⅢＡの東部、地帯ⅢＢにおいては、生産域：水田域は、浸水域に含まれ、自然堤防や浜堤列に形成されていた居住域にもある程度の被害が及んだと推定される。しかし、それは、地帯ⅢＡの西部、地帯Ⅱに、津

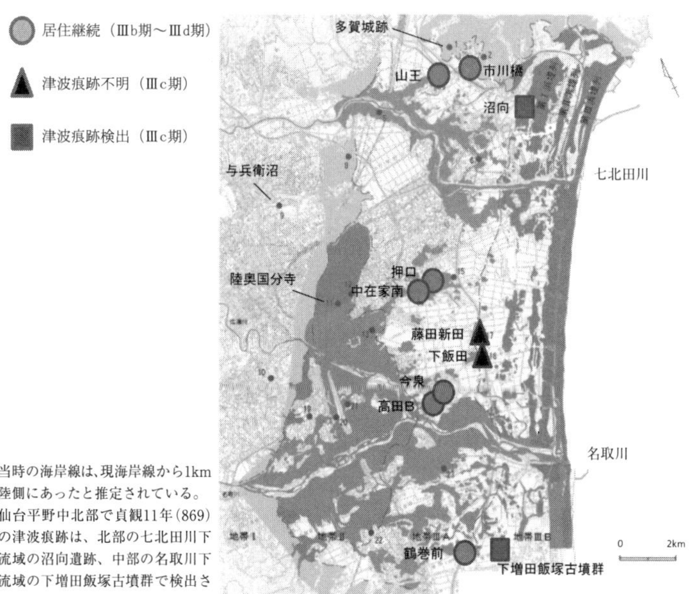

当時の海岸線は、現海岸線から1km陸側にあったと推定されている。仙台平野中北部で貞観11年(869)の津波痕跡は、北部の七北田川下流域の沼向遺跡、中部の名取川下流域の下増田飯塚古墳群で検出されている。

第75図　平安時代貞観震災前後の遺跡の継続性

波による被害がほとんどなかったことを示している。なかでも、地帯Ⅱは、弥生時代以降、この地域の安定した食糧生産域と位置づけられ、震災以降も、その役割を果たしたと考えられる。集落動態からは、9世紀中葉以降、10世紀初頭にかけて、地帯ⅢAの東部、地帯ⅢBへの農耕集落の進出は継続しており、震災による変化は認められない。

（4）史料A～Dと社会の実態

史料Aの震災を伝える記事では、地震・津波による被害が事実を過大視していると考えられた。津波被害に関しては、平野の全域には及んでおらず、沿岸部に限定的であり、浸水域は平野北部では第Ⅰ浜堤列をやや越えた範囲（当時の海岸線から1.5km強）まで、平野中部では第Ⅱ浜堤列をやや越えた範囲（当時の海岸線から1.7km強）までと推定された。

貞観11年（869）を前後する9世紀中葉～10世紀初頭の集落動態は、北部では湿地の広がりに伴い集落は移動し、中部では沿岸部への集落の進出によって特徴づけられ、律令制の土地所有形態の変化に伴う新たな方向性を示している可能性がある。津波被害によって下増田飯塚古墳群の水田跡は廃絶するが、第75図のように、当時の海岸線から3.3～4.3kmの名取市鶴巻前遺跡、3.5kmの仙台市今泉遺跡・高田B遺跡、3.5～4.5kmの仙台市押口遺跡・中在家南遺跡などにあった集落は存続が確認されており、ほぼ同じ浸水域を推定できる。このように、中部で9世紀中葉から始まる沿岸部への集落の進出という動態は、沿岸に近い生産域の一部が津波被害を受けるが、10世紀初頭にかけて大きな影響を受けずに進行しており、津波を前後する集落動態からは、津波被害による変化を読み取れず、古墳時代前期以降の自然観、資源観に変更がないことが知られる。

こうした地震・津波被害と集落動態は、朝廷の震災復興策が、史料Cの被災者救済策よりも、史料Bの検陸奥国地震使派遣を優先したことと関連していると考えられる。その復興事業の主な対象として史料A～Dと遺跡調査事例から知られるのは官衙・寺院で、具体的には多賀城跡政庁と陸奥国分寺跡である。

多賀城跡政庁では、建物の瓦の改修、補修がなされている。出土した瓦の組成比から、軒丸瓦、軒平瓦は復興瓦で補修しており、全面的な葺替えは行っていないが、大棟、降棟、隅棟のある建物は、その端部を新たに新羅人が関わって製作した棟平瓦、鬼瓦によって改修されている。2種類の瓦は、鬼瓦の上に、凸面を上にして棟平瓦を載せて組み合わせる方法がとられたと推定されている。多賀城跡では、鬼瓦に鬼面文が用いるのは復興期からということもあり、政庁の建物の屋根は、最も目立つ部分が一新されたのである。これは、国府の施設として、復旧を超える整備を目指していたことを示している。

陸奥国分寺跡では、七重塔を主として、彩色、瓦の葺替え、補修がなされている。出土した瓦の組成から、丸瓦、平瓦は復興瓦で補修しており、軒丸瓦、軒平瓦は復興瓦で全面的な葺替えが行われている。また、七重塔に新たに彩色が施されている。陸奥国分寺跡は、その創建において、国府から約10km離れた平野中部の西端の土地を選地しており、その理由の一つとして、標高約15mの寺域に建てられた七重塔（推定高57m）が、平野の多くの集落からよく見えることと、多賀城や海上を航行する船舶からも見えることが意図されている。そのため、震災後の七重塔の改修、補修事業は、その進展が広く平野から見守られて、復興のシンボルとなっていたと考えられる。こうした堂塔の復興とともに、薬師堂東遺跡では梵鐘を含む金属製の仏具の製作が行われており、復興の鐘の音が平野に響くなかで、陸奥国分寺を中心として仏教政策が強化されていることが知られる。

こうして復興に伴って陸奥国で進められたのは、国府と国分寺の施設の修理と、仏教活動の推進であり、その目的は、震災による社会不安を払拭し、民衆が仏教をよりどころとして安定した生活を送れるようにすることにあった。また、震災に伴って、陸奥国で重視されたのは、蝦夷（夷俘あるいは俘夷）対策と仏教政策の強化であり、震災の4年半後、『日本三代実録』貞観15年（873）12月7日条に、「先是陸奥國言 俘夷満境 動事叛戾 吏民恐懼 如見虎狼 望請准武蔵国例 奉造五大菩薩像 安置国分寺 粛蠻夷之野心　安吏民之怖意 至是許之」とあるように、仏教政策は継続されて陸奥国分寺に五大菩薩像が安置されても、震災とは異なる社会不安が生じており、朝廷や陸奥国による統治政策の強化が必要とされていた政情が推測される。

第4章　江戸時代：慶長16年の津波災害

仙台平野における津波を伴う震災の記録は、最も古い貞観11年(869)以降では、次に慶長16年(1611)10月28日(西暦12月2日)に発生した地震・津波に関する複数の文献史料がある。その主な史料は以下の通りである。

『駿府記』『駿府政事録』―駿府における徳川家康に関する記録(1611～1615年)

『貞山公治家記録』―仙台藩の正史『伊達治家記録』のうち、初代藩主伊達政宗(貞山公)に関する記録(1564～1636年)

『ビスカイノ金銀島探検報告』―スペイン人探検家ビスカイノの報告に関する記録(1611～1613年)

また、この記録津波を示す津波災害痕跡は確認されていないが、沿岸部では、三つの遺跡の発掘調査が行われている(岩沼市高大瀬遺跡、仙台市沼向遺跡、仙台市和田織部館跡)。

ここでは、発掘調査の現状を確認し、その後、基本的な文献史料の検討を行い、今後の津波災害痕跡研究の基盤としたい。

1．高大瀬遺跡の調査

（1）遺跡の概要

遺跡は、岩沼市下野郷高大瀬、新菱沼、中西に所在する（第12図、第21図）。仙台平野南部の阿武隈川下流域において、地帯ⅢBにあり、第Ⅲ浜堤列から堤間湿地にかけて立地している。標高は0.9m～0mである。岩沼市教育委員会によって2013年と2014年に発掘調査が行われている（川又2015、岩沼市教育委員会2017）。

2013年の調査は、海岸線に直交方向に9カ所の調査区を設定して行われた。海岸線からの距離は、およそ1.0km～1.3kmである。堤間湿地の第6・7・9調査区では、東日本大震災の津波堆積物の下層に、2時期の津波堆積物の可能性がある堆積層が確認された。

（2）基本層序と津波堆積物の可能性

第7調査区の基本層序（第13図）では、第1層から第11層まで、大別11層が確認された。第1層が東日本大震災の津波堆積物である（岩沼市教育委員会2013、2017）。過去の津波堆積物の可能性があるのは、第4層と第8層である。

第4層は、上層の第3層が江戸時代後期以降の水田耕作土であること、形成時期が放射性炭素年代測定によって15世紀後半から17世紀前半であることが推定されている。そのため、第4層に、慶長16年（1611）の津波堆積物の可能性が考えられている。上下の層相との関係は、第3層の耕作などによって第4層本来の層厚は減じているが、5層の泥炭層は自然堆積層であり、湿地的な環境へ第4

層の砂層が堆積している。

第 8 層は、直下層の第 10 層との境界は凹凸が著しく、第 8 層中には 3～8cm ほどの粘土塊が点在している。上層の第 6 層が延喜 15 年（915）に降灰した十和田 a 火山灰であること、形成時期が放射性炭素年代測定によって 5 世紀から 9 世紀後半であることが推定される。そのため、第 8 層に貞観 11 年（869）の津波堆積物の可能性が考えられている。

2．沼向遺跡と和田織部館跡の調査

仙台平野における近世の沿岸部の遺跡分布は、貞山堀（運河）の開削との関係に留意する必要がある。貞山堀は、海岸線に平行して 0.5～1.0km 陸側に開削された運河で、近世には七北田川と松島湾をつなぐ「舟入堀」と、名取川と阿武隈川の間の「木曳堀」があった。

沿岸部の発掘調査事例には、七北田川下流域において「舟入堀」の陸側に位置する沼向遺跡と和田織部館跡がある（第 76 図）。しかし、これらの調査で、江戸時代の津波堆積物は見つかっていない。

（1）沼向遺跡の調査

現在の海岸線から 2.5km 陸側の第Ⅰ浜堤列に立地している。この遺跡は、近世の遠藤館跡としても知られていた。発掘調査では、中世における居住の痕跡は認められず、検出された近世の遺構群は、沼向⑫期（17 世紀中葉～末葉）、沼向⑬期（18 世紀）、沼向⑭期（19 世紀初頭～後葉）に分けられ、居住域、生産域（水田域・

第 76 図　沼向遺跡と和田織部館跡の位置（写真：仙台市教育委員会）

畑域）から構成される集落の継続性と変遷が明らかにされている（仙台市教育委員会 2010a）。

また文献史料から、17 世紀の中野邑沼向では、伊達家家臣の畠中氏が元和年間（1615～1624）以降、同じく遠藤氏が寛永 15 年（1638）以降に新田開発を行っており、遠藤氏については、沼向遺跡の遺構群の変遷と整合性が認められる。

（2）和田織部館跡の調査

現在の海岸線から約 2.0km 陸側の第Ⅰ浜堤列に立地している。この遺跡は、近世において、伊達家家臣の和田氏の館跡として知られていた。発掘調査では、中世における居住の痕跡は明確ではなく、検出された近世の遺構群は、17 世紀中葉～後葉と、17 世紀後葉以降の 2 時期に分けられている。このうち、17 世紀中葉～後葉の遺構群は、館跡北西部を区画する土塁と溝跡であり、館跡の成立時期を示している（仙台市教育委員会 2015b）。

また文献史料は、和田新田が寛永年間（1624～1644）に和田為頼、織部房長父子が開発を進めたところと伝えている（斎藤 2001）。この年代は、和田氏が当地を在所として拝領し、入部した年代と重なる。

3．文献史料の研究の現状

慶長16年（1611）の津波災害研究は、津波痕跡が明確に確認されないなかで、2011年の東日本大震災以降は、文献史料の再評価が積極的に震災と関連付けられる傾向もあり（蛯名 2013）、そこには、何でも震災に結び付ける「震災史観」と言っても良いような考えがみられ、その広がりに懸念が示されている（菅野 2013、2014）。ここでは、こうした現状をふまえ、主な文献の史料批判を行い、その評価をより慎重にしておきたい。

（1）『駿府記』『駿府政事録』

徳川家康が将軍職を委譲し、慶長12年（1607）に駿府に移り住んだ後、その周辺の出来事を慶長16年（1611）8月から元和元年（1615）12月まで記録した史書である。両書はほぼ同じ内容である。

仙台平野の津波災害の記録は、慶長16年（1611）11月晦日条にある。記録の内容は、日付の後、本多正純が言上した①政宗初鱈献上の件と②政宗の話（仙台藩の津波による被害状況）→後藤光次が言上した③政宗の話（津波に関わる逸話）→④逸話に対する徳川家康の感想→⑤編者による南部藩と津軽藩の津波による被害状況、である。

①の政宗が初鱈を献上した日については、後述する『ビスカイノ金銀島探検報告』によると、11月晦日、政宗は江戸でビスカイノやソテロと面会していると記録されており、『駿府記』によると、家康は22日までは駿府におらず、23日に駿府に帰っていることから、23日以前で、晦日より10日ほど前、家康が駿府にいなかった日とする指摘がある（岩本 2013）。この解釈は、政宗が家康へ初鱈を直接献上した記述はなく、文脈から妥当と考えられ、晦日は、初鱈献上に際して政宗が話した事柄をもとに、本多正純と後藤光次が、それぞれ家康に伝えた日と理解される。

②における仙台藩の被害は、「海涯」（海際）の集落に津波被害があり、5000人が溺死したとある。地震があったとは記されていない。なお、この記録は「津波」の初出として重視されている。

③の逸話では、津波のあった日に政宗の命を受けて肴を求めに漁村に行った家臣2名が、「潮色異常」で船を出せないという漁師に、1人は納得し、もう1人は納得せず無理に船を沖に出させたところ、大津波に遭ってしまうが、気づくと、漁師の住む村の山上の松（割注で「是所謂千貫松也」）近くに漂っていたので松に船をつないで助かり、後に政宗から褒美をもらうことになり、船を出させなかった家臣は津波で亡くなったという。

④では家康は、逸話を後藤光次から聞いて、災難を免れて福を得るには主命を重んじることが大切であると述べている。

⑤で示された南部藩と津軽藩の被害は、「海邉」（海際）の集落に津波被害があり、人馬3000余りが死んだとある。ここにも地震が

あったことは記されていない。

以上が晦日条の概略であるが、この記事は、政宗が初鱈を献上した日の記述と、11 月晦日にそれが家康に伝えられた記述が分けられておらず、南部・津軽両藩の津波被害の日付の記述もないため、全体が編集されて、10 月 28 日の津波被害を主題としながら、逸話と家康の感想を中心としていることが知られる。その理由は、政宗の初鱈献上を逸話によって意味付けし、家康がそれに賛意を表したことで、両者の主従関係を強く印象づけることにあったと考えられる。後に、この史料が仙台藩にも知られることからすると、幕府と仙台藩との関係を示すことにもなり、幕府側のある種の意図が含まれている可能性もある。

また、逸話で留意すべきは、割注の「是所謂千貫松也」の記述である。「所謂」とあることから、「千貫松」は特定の地名を示す名詞ではなく、千貫に値するというような松という一般的な価値観を示している。これは編者が、逸話の文中にある「山上之松」を「所謂千貫松」と理解して編纂の過程で追記したのであり、「千貫松」という地名は逸話になかった可能性も考えられる。

（2）『貞山公治家記録』

『伊達治家記録』は、伊達家の正史であり、初代藩主政宗（貞山公）に関する記録が『貞山公治家記録』である（平 1972、1973a、1973b、1974）。この書の完成は、元禄 16 年（1703）で、震災から 100 年近くが経過している。編纂には、『真山記』『記録抜書』『政宗君記録引証記』などが用いられた。『真山記』は伊達政宗の右筆を務めた真山正兵衛俊重が晩年に記したと推測される記録、『記録抜書』は、貞享元年（1684）に、幕府の命を受けた仙台藩が、織田信長、豊臣秀吉、徳川氏との関係を中心に伊達氏の歴史をまとめた全6巻の史書、『政宗君記録引証記』は『伊達治家記録』編纂資料を集めた記録集である。

『貞山公治家記録』によると、慶長16年（1611）10月28日条と10月晦日条に、津波災害が記されている。

10月28日条には、仙台藩領で「巳刻（午前10時）過キ、御領内大地震、津波入ル。御領内ニ於テ千七百八十三人溺死シ、牛馬八十五人溺死ス」と記されている。この出典は『記録抜書』である。

10月晦日条では、『駿府政事録』を引用して、前述の津波災害と逸話などを含めて紹介しているが、仙台藩領の溺死者は「五十人」となっている。そして、この条に関する編者の考えが後段に示されている。

> 此一段政事録ヲ以テ記ス。千貫松ト云ハ一株ノ松ノ名ニ非ズ。麓ヨリ峯上數千株一列ニ並立テリ。終ニ山ノ名トナル。名取郡ニアリ。逢隈河ノ水涯近ケレハ、海潮ノ餘波、此河水ニ入テ泛濫シ、麓ノ松ニ舟ヲ繋ク事モ有ルヘキ歟。傳テ云フ、往古此山上ノ杉ニ舟ヲ繋タリト、今其老杉アリ。

ここでは、①千貫山の名称は千貫松にもとづいており、名取郡にあること、②そこは逢隈河（現阿武隈川）の岸に近いことから川を遡上した津波が溢流して麓の松に舟を繋ぐこともあったのではないかということ、③津波の時に山上の杉に舟を繋ぐ伝承があり、それを示す老杉の存在が述べられている。

①の「千貫松」が記された津波の逸話に関しては、『記録抜書』において「手前ニ而者委細不存候」と、仙台藩では預かり知らぬこ

とであると記されてはいるが、千貫松の場所は、名取郡の岩沼にある千貫山あったという考えを示している。その理由として、現在、一般的に「千貫山」と呼ばれている岩沼西部丘陵には、18世紀前半に仙台藩士の佐藤信要がまとめた『封内名蹟誌』（寛保元年：1741）において、南長谷邑に、稜線の高低に沿って「嶺上青松萬株」とされた「千貫松」が明記されていることがある。名蹟とされたのは、「商船漁舟」が海上の位置を知るための目印として「千貫松」が重視されていたためであり、千貫山南東端にある千貫神社は、漁船守護の神として主に海岸部の集落から崇敬され、かつては神事が行われており、その起源は、延暦年間（782～806）に遡るという。この名称の成立時期はわからないが、『記録抜書』（完成は貞享元年：1684）、『貞山公治家記録』（完成は元禄16年：1703）には認められるのに対して、『封内名蹟誌』の「千貫松」には、津波の逸話も山上の老杉の伝承も全く触れられていない。佐藤信要が『封内名蹟誌』の作成にあたって『貞山公治家記録』を見ていないはずはなく、伝承も主たる対象とされており、千貫山の麓にある「東平王塚松」には、「名跡志日　千貫松嶺以東山下有　古塚栽青松十二株　相傳異邦人東平王客死于茲……」とある。想定されるのは、佐藤信要が津波の逸話を評価しなかったことであり、当時、千貫山周辺にそうした逸話がなかったことを物語る。

②について、津波の逸話が実際に起こった事実にもとづくとした場合、阿武隈川に近いことから、川を遡上した津波が周辺に溢流して千貫山の麓に及び、舟を麓の松に繋いだ可能性が考えられている。ここでは、山上まで津波が及んだということは想定されておらず、麓にある「東平王塚松」にも津波の逸話に関する記述は全くな

第 77 図　千貫山と阿武隈川（東日本大震災以前：斎野撮影）

い。第 77 図に示すように、千貫山は海岸線から 7km ほど離れており、標高は 191m である。東日本大震災の津波は、阿武隈川を 6km ほど遡上しているが、溢流はしていない。この点については、護岸堤防が整備されていなかった近世初期では、より海岸に近い位置で周辺に溢流したこと、岩沼の集落に津波被害の記録がないことから、津波は沿岸部に限定的で、千貫山までは遥かに及んでいない。また、逸話の内容に関しても、千貫山とは結びつかないところがある。それは、逸話にもとづくと、沖へ向かった舟は津波によって出港した漁村の山に戻ってきていることである。仙台平野において、城下に近く、山のある漁村は、七ヶ浜半島の沿岸部であり、阿武隈川左岸にある南長谷邑とは全く方向が異なり、そこには海に面する漁港はない。

③の津波の時に山上の杉に舟を繋いだという伝承は、前述の津波

の逸話と共通するところもあるが、より古くから知られており、樹木の種類が異なっている。同じような伝承は、福島県相馬市の諏訪神社に知られる。この神社は、現在の海岸線からの距離は 8km で、千貫山と同様、通常、津波の浸水域にはならない位置にある。ここには、「境内に杉の大木がありますが、これは大昔大津波のあった時、そのいただきに舟をつないだということで大層有名であります。」と伝えられる「繋船伝説」がある（岩本 2013)。

これらの太平洋沿岸に伝わる伝承は、政宗の頃に存在しており、樹木の種類は異なっているが、津波の逸話と関連している。晦日条には、南部藩・津軽藩の津波被害を記述しているように、幕府は仙台藩の津波被害も知っていたと思われ、政宗が初鱈献上に駿府を訪ねれば、津波被害の話になることを予測して、津波被害よりも初鱈献上の意味を家康に伝えるために創作した可能性がある。逸話において、この時期、舟を数十町沖へ出して求めた肴が初鱈なのかもしれないのである。こうしたことからも、逸話の「千貫松」を、『封内名蹟誌』（寛保元年：1741）にある「千貫松」に比定することはむずかしいのである。

この逸話が『駿府記』に掲載された理由は、関ケ原の戦いから 10 年、未だ政権の安定しない幕府について、家康への臣下の礼をとる政宗との関係を印象づけることにあったと考えられる。

（3）『ビスカイノ金銀島探検報告』

スペイン人探検家セバスティアン・ビスカイノは、ヌエバ・エスパーニャ（現在のメキシコ）副王の命によって、1611 年（慶長 16）6 月、日本列島沿岸における交易・避難に適した良港の調査および測量図作成と、『東方見聞録』以降、日本近海に存在したと信じられていた黄金の島「金銀島」の探索を目的として来日した。ビスカイノの調査・探索の結果は『ビスカイノ金銀島探検報告』として、1615年、メキシコで提出されており、1867年にスペインで公にされた。ビスカイノの調査は、その目的から、砂浜海岸が広がる石巻平野や仙台平野は除かれており、仙台藩領の三陸沿岸と、相馬藩領などの福島県太平洋沿岸部が対象とされていた。そのなかに、仙台藩領の三陸沿岸の測量中、ビスカイノが船上で慶長16年（1611）10月28日に津波に遭遇したときの様子や、沿岸の村々の被害状況などが記されている。また、幕府や仙台藩、相馬藩の動向もみられることから、このときの津波災害を知るうえで貴重な史料となっている。

津波に前後する10月から11月のビスカイノの行程（西暦では11月から12月）は、陸路で仙台に到着し、伊達政宗の許可を得て塩釜から出航して測量を行い、震災を経て測量終了後、陸路で三陸から仙台城下へ、そして福島県沿岸部を通って江戸に戻っている（第78図）。

①三陸の越喜来村の津波被害

10月28日、越喜来湾に到着する前に、ビスカイノは、地震後の津波を恐れて避難する人々をサン・フランスコ号の船上から目撃している。その後に起こった越喜来村の津波被害は、以下のように具体的に記されている。

> 此地に於て一時間継続せし大地震の為め海水は一ピカ（3m89cm）餘の高さをなして其境を超え、異常なる力を以て流出し、村を浸し、家及び藁の山は水上を流れ、甚しき混乱を

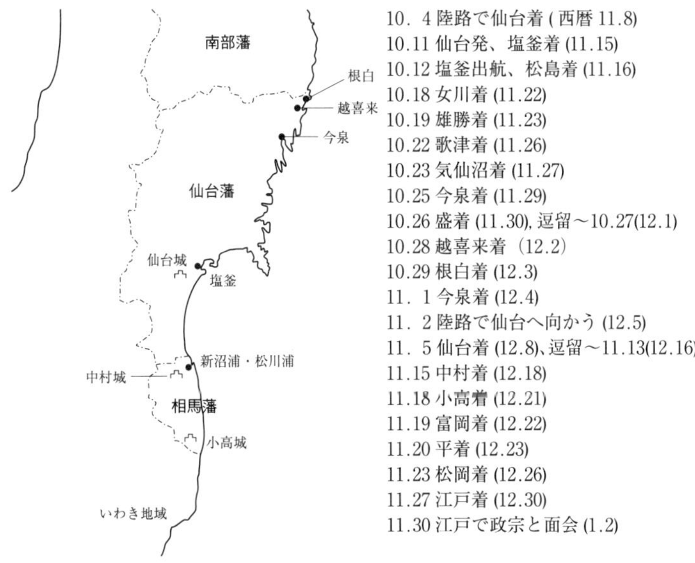

第 78 図　ビスカイノの行程関連地と日程（西暦）

> 生じたり。海水は此間に三回進退し、土人は其財産を救ふ能わず、又多数の人命を失ひたり。此海岸の水難に依り多数の人溺死し、財産を失ひたることは後に之を述ぶべし。此事は午後五時に起りしが我等は其時海上に在りて激動を感じ、又波濤合流して我等は海中に呑まるべしと考へたり。我等に追随せし舟二艘は沖にて海波に襲はれ、沈没せり。神陛下は我等を此難より救ひ給ひしが、事終りて我等は村に着き免かれたる家に於て厚遇を受けたり。　（村上訳註 1941）

この村では、津波被害を受けた家と受けなかった家があり、ビスカイノは、その日、後者の家で厚遇を受けている。津波の発生時刻が「午後五時」とあるのは誤りで、仙台平野と同様、「巳刻（午前

10時）過ぎ」なのであろう。この季節の越喜来村では、午後5時には日が暮れており、さまざまな目撃情報は得られないからである。地震被害の具体的な記述はなく、余震の記述もない。

②三陸の根白村の津波災害

10月29日、越喜来から北上し、根白に到着した。根白村は、高台にあったので津波被害を受けておらず、ビスカイノは十分な給与を受けている。三陸沿岸の測量調査は藩領北端の根白までとして仙台へ引き返すことにする。

この村では、津波被害を受けた家はない。地震被害の具体的な記述はなく、余震の記述もない。

③三陸の今泉村の津波災害

10月30日、途中、今泉へ寄港。ここでは、津波被害によって家はほとんど流出し、50余名が溺死していた。翌日、陸路で仙台へ向かう。

この村では、津波被害をほとんどの家が受けており、溺死者数が記されている。その数は明確ではないものの、今泉と同じような立地にある他の村でも同様の被害が想定されることから、『貞山公治家記録』に記された仙台藩領の津波による溺死者数「五十人」は誤りであることが知られる。地震被害の具体的な記述はなく、余震の記述もない。

④仙台の地震被害

11月5日、ビスカイノは仙台に到着する。この時、伊達政宗は江戸へ出立した後だった。ビスカイノは、仙台でそれまでに調査した港や湾の測量図を作るために12日まで滞在し、13日に陸路で相馬藩の中村に向けて出立する。

この記録から、10月28日の震災から６日後には、すでに政宗が江戸へ向かっていることが知られる。しかし、これは震災の被害報告に行ったわけではなく、嫡男の虎菊丸の江戸城での元服が12月に行われるからと考えられている（菅野 2013)。仙台藩領の震災被害が全体として実際にどの程度なのかはわからないが、仙台城下では、地震被害について具体的な記述はなく、余震の記述もない。むしろ、滞在中は、「此数日は此市に於て愉快に過し、司令官（ビスカイノ）は長官を招待し、彼も亦其家に於て饗宴を開き、我が国風の肉を沢山に供したり」とあるように、仙台藩要職との親交は深められており、大きな地震被害があったとは思えない。それは、この地震に伴う仙台城の修理が行われていないことからも知られる。おそらく、政宗の江戸への通行を妨げる道路の寸断や広域的な浸水など、地震や津波による被害もなく、その経路上に位置する岩沼にも津波被害の記録はない。

⑤福島県太平洋沿岸部の津波被害

11月15日、相馬藩の中村に到着する。

11月16日、相馬藩主相馬利胤は、城門においてビスカイノと面会し、領内の通行と交易を許している。その際、「城は破損し再築中なるを以て城内に迎えざるを謝し、同市も海水の張溢に依り海岸の村落に及ぼしたる被害の影響を受けたり」と言っている。

11月17日、ビスカイノは、相馬藩領の海岸と二つの入江（新沼浦および松川浦）を測量している。

ビスカイノは、その後、陸路でいわき市域まで海沿いに南下していくが、震災被害に関する記述はない。相馬藩領は、現在の福島県新地町から大熊町までの太平洋沿岸部であり、南北50kmの海岸線が南北方向に延びている。沿岸の村々は、相馬利胤によると津波被害を受けているのであるが、震災から20日も経たないうちに、ビスカイノにその海岸の測量を許している。この津波被害に関しては、『利胤朝臣年譜』に「海辺生波ニ而相馬領ノ者七百人溺死」とあり、海岸にはガレキや津波堆積物が残されていたと想定されるが、対象となった海岸や入江に、測量を妨げるような被害状況は記されていない。また、城の工事は、地震被害と復旧を示すとする見方と、相馬藩が居城を小高城から中村城に移すための工事とする見方があり、慶長16年（1611）12月2日条には、「小高城ヨリ宇多郡中村ノ城江御移、此年七月ヨリ中村ノ城新成、同冬御普請成就、御在城ヲ被移」とあることから、時期も一致しており、「城の破損と再築中」は完成間際の城の説明としては不自然であり、近年の新たな日本語訳では「あまり処理が進んでおらず、城内では建築工事が行われている」（国立歴史民俗博物館 2014、蝦名・高橋 2014）とあるように、地震とは関連性がない。

4．発掘調査成果と文献史料の取扱い

仙台平野とその隣接地域における慶長16年（1611）の地震・津波について、発掘調査、文献史料の研究の現状を検討してきたが、災害痕跡として、津波堆積物、被災遺構は検出されておらず、遡上距離や災害の実態は不明であり、その解明が課題とされている現状が確認された。文献史料は数多くあるが、ここでは信頼性の高い史料を、これまでの研究成果をふまえて一つずつ検討を行い、より慎重な取扱いが必要なことを確認した。

（1）発掘調査成果

仙台平野における近世初頭の遺跡調査から、明確な津波痕跡は確認されておらず、岩沼市高大瀬遺跡において、第 7 調査区基本層第 4 層に慶長 16 年（1611）の津波堆積物の可能性が指摘されている（岩沼市教育委員会 2017）。また、震災を前後する沿岸部の集落動態は不明であるが、平野北部の調査事例から新田開発に伴う沿岸部の集落形成は 17 世紀中葉以降に始まり、17 世紀後葉に舟入堀（貞山運河）が完成したことで耕地化が進展していく。この点については、文献史料の研究（菅野 2014）から、平野中部の七郷地区において新田開発が進展するのは 17 世紀中葉〜後葉と判明しており共通性がある。そのため 17 世紀初頭における沿岸部の集落は、新田開発も行われていたが、その規模は小さく、主に漁村によって構成されていたと考えられ、人口は少なかった可能性がある。

なお、地質学や堆積学による地点的なボーリング調査が行われ、慶長津波の堆積物が検出されたとする調査事例もあるが、本稿の研究方法からすると、そこから面的な広がりや年代的な整合性、高潮堆積物との区別などを津波堆積物と識別するのは難しいと考えられる。

（2）文献史料

この震災では、地震被害の具体的な事例が認められず、従来、「津波地震」といわれるような地震の規模に比べて津波の規模が大きな震災と考えられている。そのなかで、文献から津波被害を推定するうえで重視されるのは、三陸沿岸におけるビスカイノの報告である。この報告については、信憑性に疑問も示されているが、集落の立地によって、以下のように津波被害の程度に違いが認められる。

越喜来村（現大船渡市域）	平野が狭く、流失した家と流失しなかった家がある。
根白村（現大船渡市域）	高台にあり、流失した家はなかった。
今泉村（陸前高田市域）	平野が広く、ほとんどの家が流失した。

これらの村は、およその位置を確認できるため、東日本大震災における津波浸水域を見てみると、越喜来では狭い平野に限定的で、根白にはなく、今泉では平野全域に広がっており、慶長16年（1611）の津波とは規模に違いはあるとしても、立地と整合する傾向がみられる。より具体的な被害の推定には、被災遺構の検出が必要ではあるが、そこで史料の検証がなされることを期待したい。

（3）災害の実態解明

現状では、文献史料で想定される津波災害は、三陸沿岸に限られており、他の地域では「海涯」や「海邉」といった海際において人や家畜の被害があったことが記されているだけで、仙台平野や福島県太平洋沿岸部では、具体的な地名などは明らかではない。しかし、文献史料には、沿岸部の新田開発の記録が残されているため、津波災害の実態解明には、地中に残された痕跡調査を継続的に行い、それらとの整合性を確認していくことが求められる。

第５章　予測できない津波に備える

ここまで、仙台平野における弥生時代中期中葉、平安時代貞観11年（869)、江戸時代慶長16年（1611）の津波災害の痕跡あるいは記録を対象として、新たな調査研究方法によって総合化をはかり検討を行ってきた。本章では、それらの津波災害について、東日本大震災の津波の規模との比較を行うとともに、海溝型地震に伴って発生した津波だけではなく、他の要因による津波も含めて、災害考古学の視点から今後の津波防災を考えてみたい。

１．東日本大震災の津波と過去の津波の関係

三つの時代の津波災害は、第６表のように、弥生時代と平安時代では、相互検証を５項目で行い、総合化によって被害の実態を推定できたが、江戸時代では津波堆積物の存在が明確でないため、総合化はむずかしく、課題が残された。そのため、東日本大震災の地震記録と津波痕跡の調査成果をもとに、弥生時代と平安時代の地震・津波を比較したのが第７表である。津波は、いずれも海溝型地震に伴う近地津波で、その規模は、砂質堆積物の海岸線からの到達距離および推定される遡上距離が示すように、東日本大震災の津波に比べると、弥生時代の津波は同じかやや大きく、平安時代の津波はや

第6表　津波災害痕跡研究における考古学と関連分野の連携による総合化

相互検証5項目	弥生時代 中期中葉中段階	平安時代 貞観11年（869）	江戸時代 慶長16年（1611）
津波堆積物の識別	●　▲	●　▲	▲？
時期・年代の推定	●　▲	●　▲　◎	●？　◎
地形・海岸線の復元	●　▲	●　▲	▲
津波の規模の推定	●　▲	●　▲　◎	◎
津波の波源の推定	●　▲	◎	◎

●：考古学　▲：自然科学　◎：文献史学

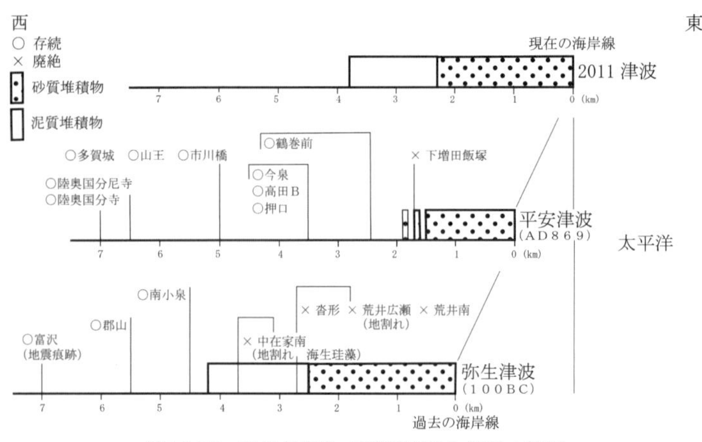

第79図　津波堆積物の到達距離と遺跡の消長

や小さいことが知られる。

それらをふまえて、第79図には、弥生時代と平安時代の遺跡の消長と津波堆積物の到達距離、現代を含めた海岸線の変化を示した。津波の遡上距離の範囲内にあった遺跡の営みは、震災後に途絶

第7表　仙台平野における東日本大震災と弥生時代・平安時代の地震・津波

	地震	津波	津波遡上距離
東日本大震災 平成23年3月11日 （西暦2011年）	仙台平野：震度6強～6弱 京都：震度3	砂質堆積物：海岸線から2.3km分布 泥質堆積物：海岸線から2.3km～4.0kmに分布	約4km
平安時代の震災 貞観11年5月26日 （西暦869年）	三代実録「陸奥国地大震動」 三代実録：平安京有感地震なし	三代実録「驚濤涌潮 泝廻漲長」 三代実録「海水海暴溢而為患」 砂質堆積物：当時の海岸線から1.5～1.7km分布（沼向遺跡・下増田飯塚古墳群） 下増田飯塚古墳群で被災遺構（水田跡）	三代実録「忽至城下去海數十」 1.5km強～1.7km強：砂質堆積物の分布から推定
弥生時代の震災 中期中葉中段階 （約2000年前）	荒井広瀬遺跡：地割れ跡 中在家南遺跡：地割れ跡 富沢遺跡：水田土壌の変形	砂質堆積物：当時の海岸線から2.5km分布（沓形遺跡・荒井南遺跡） 沓形遺跡で被災遺構（水田跡） 荒井南遺跡で被災遺構（水田跡） 荒井広瀬遺跡で被災遺構（溝跡） 中筋遺跡で被災遺構（水田跡） 中在家南遺跡で海生珪藻	約4kmあるいはそれ以上：砂質堆積物の分布から推定

える傾向があり、平安時代では１遺跡だけなのが、弥生時代では数多くあった。その要因は、弥生時代の津波の規模が大きいことにある。東日本大震災の津波と同様、砂質堆積物の陸側に泥質堆積物をもたらして広い範囲が被災したことは、中在家南遺跡の珪藻分析だけでなく、遺跡の消長も示している。そして、平安時代の震災による被害は、『日本三代実録』では過大視されていることが知られ、文献史料が限られている場合には、慎重な取扱いが必要であることを教えてくれる。

２．災害考古学における津波災害

津波災害の痕跡研究は、地層中に残された災害の痕跡を考古学的な発掘調査で明らかにする「災害考古学」に含まれる。この研究分野の目的は、遺跡において地中に残された災害の痕跡とその被害を受けた被災遺構（住居跡や水田跡など）から過去の災害と人間の行動を認識し、個々の地域や地球規模の災害の歴史を明らかにして防災・減災に役立てていくことにある（斎野 2019)。

災害は、人間の居住や生産活動が、突然起こった人為的な事故・異常な自然現象で大きな被害を受けて、一定期間中断あるいは停止される事態であり、前者に起因する災害の痕跡を人為災害痕跡、後者に起因する災害の痕跡を自然災害痕跡という。自然災害痕跡は、その要因から三つに分けられる（第 80 図)。津波はいずれの要因でも起こるが、災害痕跡としては、前述した仙台平野の弥生時代と平安時代のように、地震・火山災害痕跡として認められている。

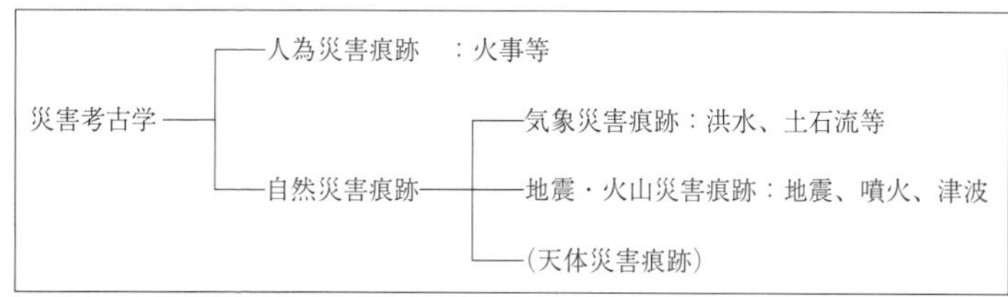

第80図　災害考古学の枠組み（斎野 2019）

（1）気象災害痕跡

地球の大気の動きが引き起こした現象を要因とする。台風や低気圧、前線による集中豪雨などで生じるさまざまな災害の痕跡である。具体的には、河川の洪水や、突発的な土石流や鉄砲水などで生じた災害の痕跡が調査で明らかにされている（斎野 2012b）。ここには、高潮や津波による過去の災害痕跡も想定されるが、確認はされていない。自然現象として、気象条件によって発生する津波は、近年では、グリーンランドにおいて、2018年に崩壊した氷山が起こす津波が沿岸の集落に被害を与えることが懸念された事例がある。温暖化が進む現状では、今後、想定される事態は、北欧やアラスカなどの極北の沿岸部において、永久凍土が溶解して地すべりを起こし、それが海へ突入して発生する津波災害である。

（2）地震・火山災害痕跡

地球の表層を形成しているプレート（厚さ数十キロメートルの岩盤）の動きが引き起こした現象を要因とする。地震、噴火、津波による災害の痕跡であり、これらの連動も認められる。具体的には、地震による地割れや液状化、火山の噴火による火砕流や火山灰の降灰による災害の痕跡が調査で明らかにされている。自然現象として、津波は海溝型地震に伴って発生することが多く、東日本大震災の津波はその典型である。他には、火山活動に伴って海底火山の噴火や海底地すべりが津波を発生させることもあり、近年では、インドネシアで2018年に海底地すべりが起こしたスンダ海峡津波が知られている。また、火山性地震で崩壊した山体が水域に突入したり、火山島にカルデラが形成されて山頂部が噴火で水面下に急に沈下することで津波を発生させることもある。

（3）天体災害痕跡

隕石の爆発や落下など、天体の動きが引き起こした現象を要因とする。ここには、隕石の爆発や衝撃波、落下による過去の災害痕跡も想定されるが、確認されていない。自然現象としては、6550万年前にメキシコ・ユカタン半島に小惑星が衝突して高さ300mの津波が発生したと推定されている。この時には人類は誕生していなかったので災害とはならなかったが、近年では、2013年にチェリャビンスク隕石の落下によって、ロシアで多くの建物が被害を受け、およそ1500人が負傷する災害が起こっている。

このように、津波は、水域の沿岸では、さまざまな自然現象によって生じることが知られる。

気象現象としては、

・崩壊氷山の水域突入

・陸上地すべりの土砂の水域突入

地震・火山現象としては、

・海溝型地震

・海底火山の噴火

・海底地すべり

・火山性地震で崩壊した山体の水域突入

・火山島の噴火による山頂部の急な沈下

天体現象としては、

・隕石の水域突入

に分けられる。このうち、最も多いのが東日本大震災と同じメカニズムの海溝型地震で、地震性の津波は津波全体の約3/4を占めている（後藤 2014)。

3．東日本大震災以降の津波防災

2011年4月、震災の翌月に内閣府の中央防災会議に設置された「東北地方太平洋沖地震を教訓とした地震・津波対策に関する専門調査会」は、半年後の9月28日にその報告を行っている。そこには、基本的な考え方として、

> 今回の東北地方太平洋沖地震は、我が国の過去数百年間の資料では確認できなかった、日本海溝の複数の震源域が連動発生したマグニチュード9.0の地震であった。このような地震が想定できなかったことは、過去数百年間に経験してきた地震・津波を前提に、日本海溝の地震・津波を、想定した結果であり、従前の想定手法の限界を意味している。

とあり、防災対策としては、

> 今後、地震・津波の想定を行うにあたっては、あらゆる可能性を考慮した最大クラスの巨大な地震・津波を検討していくべきである。

想定手法としては、

地震・津波の発生メカニズムの解明等の調査分析が一層必要となってくる。中でも、数千年単位での巨大な津波の発生を確認するためには、陸上及び海底の津波堆積物や海岸段丘等の地質調査、生物化石の調査等、地震学だけでなく、地質学、考古学、歴史学等の総合的研究の充実が重要である。

という方針が示されている。

このうち、防災対策は、東北地方の太平洋沿岸部では、東日本大震災の津波被害をふまえて防潮堤や河川の護岸など、施設の整備が進められるとともに、避難タワーや避難の丘も建設されている。第81図は、仙台平野の名取川河口域左岸に造られた避難の丘である（第3図の藤塚地区）。第82図は、阿武隈川河口域左岸に岩沼市によって建設が進められている「千年希望の丘」（井口 2015）に造られた避難の丘である（第12図の沿岸地区）。この震災復興プロジェクトには、岩沼市域の沿岸10kmに15カ所の避難の丘を造り、それらを高さ3mの園路で連結させて津波の力を弱める目的があり、園路は毎年植樹が行われており、木々の成長によって「緑の堤防」となる計画である。こうした沿岸の津波対策の施設整備は、東日本大震災以降、北海道や関東以西においても進められている。

地震・津波の想定手法は、本書で述べてきたように、仙台平野では、専門調査会の報告の方針と同じような方法がとられ、東日本大震災直後に、海溝型地震とそれに伴う津波による過去の災害が遺跡の発掘調査から明らかにされている。しかし、他の地域ではこうした成果は得られておらず、後述する南海トラフ巨大地震を想定した報告では、津波を発生させる地震は「明確な記録が残る時代の中で

第81図　名取川河口域（仙台市の藤塚地区）に造られた避難の丘（斎野撮影）

第82図　阿武隈川河口域（岩沼市の相野釜地区）に造られた避難の丘（斎野撮影）

はその発生が確認されていない地震である」と述べられている。地中に残された地震痕跡には、断層、地割れ、地盤沈下、液状化などはあるが、地震による災害痕跡として年代も明らかにされた事例は数少ない。第83図には、水田を被災遺構として想定される地震災害の模式図を示しており、前述の富沢遺跡で見つかった被災水田

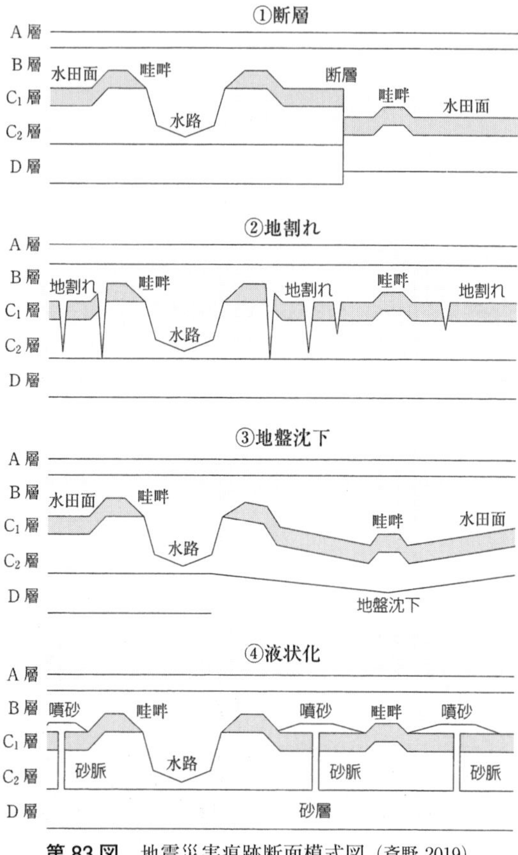

第 83 図　地震災害痕跡断面模式図（斎野 2019）

は、③地盤沈下に相当する。過去の海溝型地震に伴う近地津波は、地震痕跡と津波痕跡の連動によって実証されることから、これらの地震痕跡の識別が重要となる。

４．南海トラフ巨大地震と南海トラフ地震

東日本大震災が起こった時、全く想定されていなかった巨大な地震と津波の発生に、世界中が驚き、また、地震予知や津波防災への関心が高まった。そのなかで、日本列島で注視されたのは、長年にわたって発生が予測され、それにもとづく防災訓練もなされてきた南海トラフ地震である。南海トラフ（舟状海盆）は、西日本の太平洋側のプレート境界沿いに形成された水深4000mの細長い溝状の沈み込み帯で、その長さは駿河湾南方沖から四国沖まで700kmに及ぶ（第１図）。地質学では、こうした沈み込み帯の水深が6000m以上の場合に「海溝」としており、東日本大震災の地震は日本海溝付近を震源域にしているが、南海トラフを震源域にする地震も発生のメカニズムは同じで、「海溝型地震」とされる。

（1）南海トラフ巨大地震

2011年９月の東北地方太平洋沖地震の専門調査会の報告から半年後、内閣府の中央防災会議は、長く警戒してきた南海トラフ沿いで発生が予測される地震に関して、東日本大震災によって得られた最新の科学的知見を踏まえ、東海、東南海、南海地震が同時に発生することを想定した対策の必要性から、2012年３月に「南海トラフ巨大地震対策検討ワーキンググループ」を設置した。そして翌2013年５月に「南海トラフ巨大地震対策について」（中央防災会議2013）とする報告を行っている。検討の対象となったのは、東北地方太平洋沖地震の専門調査会が指摘した「発生頻度は極めて低いも

のの、発生すれば甚大な被害をもたらす最大クラスの津波」に対応する地震であった。南海トラフ巨大地震の報告には、トラフ沿いで発生する地震の多様性を認めたうえで、

地震の規模や発生時期の予測は不確実性を伴い、直前の前駆すべりを捉え地震の発生を予測するという手法により、地震の発生時期等を確度高く予測することは、一般的に困難である。

地震が、南海トラフ沿いのいずれかの領域で発生するか、あるいは複数の領域で同時に発生するか等、発生する地震の領域や規模の予測は困難である。

と示されていた。

そのため、対策を講ずるうえで行ったのは被害の推定であり、東北地方太平洋沖地震や世界の巨大地震の特徴などを踏まえて、マグニチュード9クラスの地震を想定して地震と津波の発生モデルを設定し、地震は5ケースについて震度が推計され、津波は11ケースについて津波高・浸水域が推計された。これらのシミュレーションでは、多くの地域で津波の高さは10mを超え、最大震度は7となっており、ワーキンググループは、それによって推定された建物や人的被害にもとづいて、さまざまな対策を提起している。

(2) 南海トラフ地震

南海トラフ沿いの地域において、これまで100〜150年の周期で発生してきた地震に関しては、各自治体の防災意識は高く、法的な整備においても、中央防災会議が2014年3月に「南海トラフ地震防災対策推進基本計画」を策定していた。その後、2016年に熊本地震、2018年に島根県西部地震、大阪北部地震、北海道胆振東部

地震があり、2019年１月には、南海トラフ地震は、30年以内の発生確率が70〜80%、マグニチュードは8〜9クラスと想定され、同年５月には、その計画が変更されている（中央防災会議 2019）。主な変更点は、

現在の科学的知見では、南海トラフ地震の発生時期・発生場所・規模を確度高く予測できないものの、南海トラフ地震発生の可能性が平常時と比べて相対的に高まっていると評価された場合には、地震発生に備えた防災行動を取ることで被害をできるだけ減らしていくことが重要である。

としたことで、それに伴い、気象庁は、南海トラフ沿いの大規模地震の発生の可能性が平常時と比べて相対的に高まったと評価された場合に、「南海トラフ地震臨時情報」や「南海トラフ地震関連解説情報」を発表することにしている。

つまり、現状では地震の予知は正確にできないことから、気象庁の「情報」にもとづいて、各自治体が減災対策を講じることになったのである。一例として、静岡県では、2020年２月に「南海トラフ地震の多様な発生形態に備えた防災対策検討　静岡県版ガイドライン」を作成して対応している。しかし、南海トラフ沿いの地域では、地層中に残る地震や津波による災害の痕跡は明らかにされてはおらず（地震調査研究推進本部 2020）、それを実証するための調査・研究が急がれる。というのは、この対象地域において、仙台平野のように、2000年前に東日本大震災と同じような震災が起こっているのか、それとも異なるのか、列島全域の地震・津波の防災を考えるうえでも早急に解明すべき課題だからである。

5．予測できない津波に備える

東日本大震災は、自然の大きさと、地震や津波の予測が困難なことを世界中に示した。津波災害に関して現状では、周期性のある地震性の津波でも、本震の予兆を的確に捉えて避難に導くための実用に堪える技術はなく、それ以上に予測がむずかしい非地震性の津波もあることは、津波はいつ起こってもおかしくない自然現象であるという認識を強くさせる。

そのなかで、海溝型地震に伴う津波は、列島の太平洋沿岸の地域において、仙台平野のように地層中に過去の災害の痕跡を残していると考えられる。本書では、それをどうすれば見つけられるのか、多分野連携によって総合化する方法を実践例で示し、方法の有効性を確認している。そのため、他の地域でも、それによって成果が一つ一つ積み重ねられて、津波防災の基盤となる最新の津波災害史の構築が期待される。

津波防災では、そうした新たな成果を加えて、その時にわかっている津波災害史をもとに、各沿岸域において、以下のように、津波をよく理解し、避難訓練や災害からの復興の過程でそれを共有し、後世に伝えていくことが重視される。

（1）過去の津波災害の理解を深める

文献史料にある記録津波だけでなく、地層中の痕跡津波が調査・研究によって明らかになることで津波災害史が進化し、それが防災のための歴史的な背景をより具体的にイメージするのに役立つ。文献史料から知られる南海トラフ地震の最古は７世紀末葉の西暦684年であるが、それ以前の震災や、それ以降の記録津波の実態などは発掘調査によって明らかになることが期待され、その成果を地域で共有することで津波に対する社会の関心が高まり、理解を深められる。

（２）ハザードマップ（被害予測地図）を空間的に認識する

津波の理解には、東日本大震災以降、防災対策の一環として見直されたハザードマップを活用し、避難訓練などにおいて、現地で、居住する沿岸域における津波の浸水域などの空間認識を共有し、そこに過去の津波災害に伴う人間の行動を重ねてみることで、津波災害への意識を高められる。南海トラフ地震を想定したハザードマップでは、地震の発生から津波の到達まで数分と想定された沿岸域もあることから、沿岸域ごとの津波に対する防災意識が求められる。

（３）津波災害史を後世に語り継ぐ

昔から語り継がれてきた事柄、津波災害に関わる地表顕在遺構、発掘調査で明らかになった地層中の被災遺構などを通して、それぞれの沿岸域における最新の津波災害史を後世に語り継いでいく。仙台平野では、東日本大震災で津波被害を受けた震災遺構がいくつか保存公開されている。仙台市の荒浜地区（第４図の荒浜地区）では荒浜小学校の校舎（第84図）が整備されて2019年８月から、山元町の中浜地区では中浜小学校の校舎（第85図）が整備されて2020年９月から、それぞれ公開展示されている。また、他地域の事例ではあるが、静岡県袋井市では、大野命山、中新田命山といった、江

第 84 図　震災遺構仙台市立荒浜小学校（仙台市の荒浜地区）

第 85 図　震災遺構中浜小学校（山元町の坂元地区）

戸時代の津波や高潮からの「避難の丘」が地表顕在遺構（県指定文化財）として保存されており、東日本大震災以降、祖先に学び、新たに「平成の命山」が造られている。

以上をまとめると、津波防災で大切なことは、

・発掘調査などの研究成果を共有して過去の津波災害に関する理解を深める。

・ハザードマップを活用して、過去の津波の到達距離などを現地で空間的に認識する。

・各沿岸域における最新の津波災害史を後世に語り継ぐ。

これらを継続して津波との距離感を保っておくことが、津波に備えることになり、震災時の冷静な状況判断と適切な行動に結びつくと考える。

終章　これからの防災・減災に向けて

1．古代ギリシャの地震・火山災害

人類が経験してきた災害のなかで、古くから高い関心をもたれていたのは地震・火山災害である。古代ギリシャでは、紀元前 426 年の夏、トゥキュディデスがエーゲ海沿岸西部で起こった地震と津波による災害の記録を残しており、すでに両者の連動性が指摘されていた。その後、紀元前 4 世紀には、アリストテレスが地震の原因を風に求めて気因説を唱え、地震は大地の外へ蒸発したものが内へ流れ込むときに起こるため、多くは風の吹かない日に発生すると推定するとともに、地震と噴火や津波との相互の関連性を思考し、地震と同時に津波が生じる現象があることや、地震の前兆現象、地震に伴う発光現象などを紹介している（泉・村松訳 1969）。アリストテレスの関心は、多様な自然現象の原因をうまく説明することにあったが、地中海地域では、それらに伴う地震・火山災害も多かったのである。その理由は、地質構造においてアフリカプレートがユーラシアプレートに沈み込む境界に位置しているためで、活発な地震活動がしばしば津波を発生させてきた。それは日本列島も同様で、海洋側の太平洋プレートとフィリピン海プレートが、大陸側の北米プレートとユーラシアプレートに沈み込んで日本海溝や南海トラフを形成している。

2．寺田寅彦の提言

両地域に共通するのは、世界的に古い地震・火山災害の記録である。もちろん、地中海地域では紀元前5世紀以降、日本列島では紀元7世紀以降と、遡れる年代は異なるが、日本では奈良時代に完成した『日本書紀』以降、近世まで、文献史料のなかに数多く残されている。それが近代科学として、組織的・体系的な研究対象となったのは1880年（明治13）の日本地震学会の創設にあり、研究テーマの中心となっていたのは「地震予知」であった。泊次郎（2015）によると、その方法論は、

・前兆現象による予測
・地震活動による予測
・物理モデルに基づく予測

と、大きく三つに分かれており、それぞれの分野が共存しながら地震予知の研究が進められ、1892年（明治25）には震災予防調査会が設立されて国が関わるようになっていた。しかし、その研究は、1923年（大正12）9月1日の関東大震災を予知できなかった。

この頃の地震・津波災害に関して注目されるのは、関東大震災以前から地震の予知は不可能と指摘していた、東京帝国大学の物理学者で、随筆家でもある寺田寅彦の言動である（寺田 1916、1922、千葉・細田編 2011）。寺田は、震災の日、上野の二科展会場の喫茶店で地震に遭遇しており、日記には「これは自分の全く経験のない

異常の大地震であると思った。その瞬間に子供の時から何度となく母上に聞かされていた土佐の安政地震の話がありありと想い出され、丁度船に乗ったように、ゆたりゆたり揺れるという形容が適切である事を感じた。仰向いて会場の建築の揺れ具合を注意してみると、（中略）建物は大丈夫だということが直感されたので（中略）この珍しい強震の振動の経過を出来るだけ精しく観察しようと思って骨を折っていた。」（寺田 1936）とあり、母からの言い伝えと寺田の地震に対する認識が、瞬時の冷静な状況判断に結びついたことがわかる。この経験もあって、後に寺田は「要は、予報の問題とは独立に、地球の災害を予防する事にある。」と、予知できない地震に対しては、被害を少なくするために安全な施設の建設などを提言している（寺田 1924）。そして、震災の10年後、1933年（昭和8）に昭和三陸津波が起こり、37年前の明治三陸津波と同じ大きな被害があったことを知ると、過去の津波災害を忘れない努力の必要性を説くとともに、それは「日本全国民にとっても人ごとではない」として、宝永4年（1707）と安政元年（1854）の地震・津波災害を例示し、「日本国民にこれらの災害に関する科学知識の水準をずっと高めることが出来れば、その時にはじめて天災の予防が可能になるであろうと思われる」と、防災・減災を重視した考えを示している（寺田 1933）。

しかし、当時は、寺田の主張が評価されることはなく、地震予知を可能とする研究は、その後も、戦前・戦後を通じて続けられた。1970年代になって東海地震の発生が想定されると、静岡県では1979年から、9月1日の「防災の日」に総合防災訓練が毎年行われ、宮城県沖地震が想定された宮城県など、他の地域においても防災対策はなされていたが、予知の有効な方法が見つからないなかで、1995年の阪神・淡路大震災、2011年の東日本大震災が想定外に起こったことになる。

3．津波災害史の進化

現状では、東日本大震災の教訓をふまえるとともに、南海トラフ地震の防災対策は、2019年に地震の発生する場所・時期・規模を確度高く予測することはできないと変更され、それを前提として、災害対策は防災・減災が重視され、建物の耐震性の強化や、防潮堤や避難施設の整備も進められている。寺田の提言からおよそ100年、ようやくその主張が理解されるようになったといえる。しかし、「文明が進むほど天災による損害の程度も累進する傾向がある」という寺田（1934）の的確な指摘はあったものの、東日本大震災では、寺田の時代とは大きく違った災害が起きている。津波で原子力発電所が被災して起こした事故である。未だ廃炉に伴う先の見通しは不透明であり、社会的にも大きな影響を及ぼしているが、ここから未来を創造するとき、こうした新たな局面においても「地球の災害を予防する」ために、科学技術の進展だけでなく、広く人々が地震や津波をよく知る必要がある。その一環として、過去の津波災害の調査・研究は進められており、今後、本書で提示した方法論にもとづいて、低頻度の大きな震災が明らかにされ、津波災害史がさらに進化して防災・減災に貢献することを期待したい。

文　献

青森県 2001『青森県史 資料編 古代Ⅰ 文献史料』

吾妻俊典 2004「多賀城とその周辺におけるロクロ土師器の普及年代」『宮城考古学』第6号

阿部壽・菅野喜貞・千釜章 1990「仙台平野における貞観11年（869年）三陸津波の痕跡高の推定」『地震』第2輯第43巻 日本地震学会

井口経明 2015『「千年希望の丘」のものがたり』プレスアート

石井正敏 2012「貞観十一年の震災と外寇」『震災・核災害の時代と歴史学』歴史学研究会

泉治典・村松能就訳 1969『アリストテレス全集第5巻』岩波書店

岩沼市教育委員会 2013『高大瀬遺跡発掘調査　遺跡見学会資料』

岩沼市教育委員会 2017『東日本大震災関連埋蔵文化財調査報告書Ⅴ』岩沼市文化財調査報告書第18集

岩本由輝 2013「400年目の烈震・大津波と東京電力福島第一原発の事故」『歴史としての東日本大震災―口碑伝承をおろそかにするなかれ』刀水書房

ウォーターズ , M.R. 1992（松田順一郎他訳 2012）『ジオアーケオロジー』朝倉書店

氏家和典 1967「陸奥国分寺跡出土の丸底坏をめぐって」『山形県の考古と歴史』山教史学会

内田泉之助 1968『白氏文集』明徳出版社

蝦名裕一 2013「慶長奥州地震津波の歴史学的分析」『宮城考古学』第15号

蝦名裕一・高橋裕史 2014「『ビスカイノ報告』における1611年慶長奥州津波の記述について」『歴史地震』第29号

遠藤慶太 2005「『三代実録』の写本集成」皇學館大學史料編纂所報告『史料』199

岡田茂弘・桑原滋郎 1974「多賀城周辺における古代坏形土器の変遷」『研究紀要Ⅰ』宮城県多賀城跡調査研究所

金子史朗 1988『ポンペイの滅んだ日』原書房

川内眷三 2011「和気清麻呂の河内川導水開削経路の復原とその検証」『四天王寺大学紀要』第52号

川又隆央 2015「高大瀬遺跡」『岩沼市史 4 資料編 I 考古』岩沼市史編纂委員会
菅野正道 2013「研究時評 慶長地震の評価をめぐって」『市史せんだい』23
菅野正道 2014『イグネのある村へ—仙台平野における近世村落の成立』蕃山房
北原糸子 2014『津波災害と近代日本』吉川弘文館
工藤雅樹 1965「陸奥国分寺出土の宝相華文鐙瓦の製作年代について」『歴史考古』第 13 号
熊谷公男 2000「律令社会の変貌」『仙台市史通史編 2 古代中世』仙台市史編さん委員会
熊谷公男 2011「秋田城の停廃問題と九世紀初頭の城柵再編」『アジア文化史研究』第 11 号
古環境研究所 1996「中在家南遺跡の珪藻分析」『中在家南遺跡他』仙台市文化財調査報告書第 213 集
国立歴史民俗博物館 2014『企画展示 歴史にみる震災』
後藤和久 2014『巨大津波 地層からの警告』日本経済新聞出版社
後藤和久・箕浦幸治 2012「2011 年東北地方太平洋沖地震津波の反省に立った津波堆積学の今後のあり方」『堆積学研究』第 71 巻第 2 号 日本堆積学会
後藤和久・西村裕一・宍倉正展 2012「地質記録を津波防災に活かす—津波堆積物研究の現状と課題」『科学』第 82 巻第 2 号　岩波書店
斎藤鋭雄 2001「村の確定と新田開発」『仙台市史通史編 3 近世 1』
斎野裕彦 1999「富沢遺跡」『仙台市史特別篇 2 考古資料』
斎野裕彦 2002「農具—石庖丁・石鎌・大型直縁刃石器」『考古資料大観第 9 巻—弥生・古墳時代石器・石製品・骨角器』小学館
斎野裕彦 2005「水田跡の構造と理解」『古代文化』第 57 巻第 5 号
斎野裕彦 2008「仙台平野」『弥生時代の考古学 8 —集落からよむ弥生社会』同成社
斎野裕彦 2011「東北地域」『講座日本の考古学第 5 巻弥生時代（上）』青木書店
斎野裕彦 2012a「仙台平野中北部における弥生時代・平安時代の津波痕跡と集落動態」『東北地方における環境・生業・技術に関する歴史動態的総合研究』東北芸術工科大学（科研報告）
斎野裕彦 2012b「仙台平野の農耕災害痕跡」『講座東北の歴史』第 4 巻 清文堂
斎野裕彦 2013「貞観十一年陸奥国震災記事と自然災害痕跡研究」『市史せんだい』23

斎野裕彦 2015a「仙台平野の遺跡に残された津波痕跡」『岩沼市史第 4 巻―資料編 I 考古』岩沼市史編纂委員会

斎野裕彦 2015b「農耕社会の変容」『東北の古代史 2 倭国の形成と東北』吉川弘文館

斎野裕彦 2017a『津波災害痕跡の考古学的研究』同成社

斎野裕彦 2017b「津波災害痕跡研究の実践―仙台平野沿岸部の遺跡調査事例から」『理論考古学の実践』同成社

斎野裕彦 2019「災害考古学」『文化情報学事典』勉誠出版

斎野裕彦・鈴木隆・小泉博明・黒田智章・庄子裕美・松本秀明 2014「仙台平野中部における弥生時代の地震・津波痕跡調査とその方法―考古学と地形学の連携による沓形遺跡・荒井広瀬遺跡の調査事例を通して」『日本考古学協会第 82 回総会研究発表資料』

澤井祐紀・岡村行信・宍倉正展・松浦旅人・Than Tin Aung・小松原純子藤井雄士郎 2006「仙台平野の堆積物に記録された歴史時代の巨大津波・1611 年慶長津波と 869 年貞観津波の浸水域」『地質ニュース』624

地震調査研究推進本部（文部科学省）2020「南海トラフ沿いで発生する大地震の確率論的津波評価」

白鳥良一 1980「多賀城跡出土土器の変遷」『研究紀要Ⅶ』宮城県多賀城跡調査研究所

進藤秋輝 2010『古代東北統治の拠点・多賀城』新泉社

菅原大助・箕浦幸治・今村文彦 2001「西暦 869 年貞観津波による堆積作用とその数値復元」『津波工学研究報告』第 18 号 東北大学大学院工学研究科災害制御研究センター

菅原大助・箕浦幸治・今村文彦 2002「西暦 869 年貞観津波による堆積物に関する現地調査」『月刊海洋 / 号外』第 28 号

鈴木孝行 2010「多賀城方格地割の調査」『考古学ジャーナル』第 604 号

仙台市 2015『シンポジウム―環太平洋地域の津波災害痕跡・経験と知恵の継承』第 3 回国連防災世界会議パブリック・フォーラム

仙台市教育委員会 1987『富沢遺跡第 15 次発掘調査報告書』仙台市文化財調査報告書第 98 集

仙台市教育委員会 1994『南小泉遺跡第 22・23 次発掘調査報告書』仙台市文化財調査報告書第 192 集

仙台市教育委員会 1996『中在家南遺跡他』仙台市文化財調査報告書第 213 集

仙台市教育委員会 2000a『沼向遺跡第 1～3 次調査』仙台市文化財調査報告書第 241 集

仙台市教育委員会 2000b『高田 B 遺跡』仙台市文化財調査報告書第 242 集

仙台市教育委員会 2007『沓形遺跡発掘調査現地説明会資料』
仙台市教育委員会 2010a『沼向遺跡第 4～34 次調査』仙台市文化財調査報告書第 360 集
仙台市教育委員会 2010b『沓形遺跡発掘調査報告書』仙台市文化財調査報告書第 363 集
仙台市教育委員会 2010c『与兵衛沼窯跡』仙台市文化財調査報告書第 366 集
仙台市教育委員会 2011『沓形遺跡第 3 次調査遺跡見学会資料』
仙台市教育委員会 2012『沓形遺跡第 2 次・3 次発掘調査報告書』仙台市文化財調査報告書第 397 集
仙台市教育委員会 2014a『荒井南遺跡第 1 次調査』仙台市文化財報告書第 425 集
仙台市教育委員会 2014b「荒井広瀬遺跡」『川内 C 遺跡ほか』仙台市文化財報告書第 427 集
仙台市教育委員会 2014c「荒井南遺跡第 2 次調査」『川内 C 遺跡ほか』仙台市文化財報告書第 427 集
仙台市教育委員会 2014d『国史跡陸奥国分寺跡』仙台市文化財調査報告書第 430 集
仙台市教育委員会 2015a『中在家南遺跡第 6 次調査ほか』仙台市文化財調査報告書第 434 集
仙台市教育委員会 2015b『和田織部館跡』仙台市文化財調査報告書第 439 集
仙台市教育委員会 2016『薬師堂東遺跡Ⅱ』仙台市文化財調査報告書第 443 集
十川陽一 2007「八世紀の木工寮と木工支配」『日本歴史』第 714 集
平　重道 1972『仙台藩史料大成 伊達治家記録一』宝文堂
平　重道 1973a『仙台藩史料大成 伊達治家記録二』宝文堂
平　重道 1973b『仙台藩史料大成 伊達治家記録三』宝文堂
平　重道 1974『仙台藩史料大成 伊達治家記録四』宝文堂
多賀城市教育委員会 2004a『市川橋遺跡第 34・35・37・38 次調査報告書』多賀城市文化財調査報告書第 74 集
多賀城市教育委員会 2004b『市川橋遺跡』多賀城市文化財調査報告書第 75 集
竹田祐吉・佐藤謙三訳 2009（復刻版）『読み下し日本三代実録』戎光祥出版
千葉俊二・細川光洋編 2011『地震雑感／津波と人間―寺田寅彦随筆選集』中央公論新社
中央防災会議（内閣府）2011「東北地方太平洋沖地震を教訓とした地震・津波対策に関する専門調査会報告」
中央防災会議（内閣府）2013「南海トラフ巨大地震対策について」

中央防災会議（内閣府）2019「南海トラフ地震防災対策推進基本計画」
都司嘉宣・上田和枝・佐竹健治 1998「日本で記録された1700年1月（元禄十二年十二月）北米巨大地震による津波」『地震』第2輯第51巻　日本地震学会
寺内　浩 1982「律令制支配と賑給」『日本史研究』第241号
寺田寅彦 1916「自然現象の予報」（1991『寺田寅彦全随筆1』岩波書店、初出は『現代之科学』第4巻第3号 現代之科学社）
寺田寅彦 1922「地震の予報はできるか」（1989『寺田寅彦―「ローマ字の巻」編訳ほか』葦書房、初出は『ローマ字世界』日本ローマ字会）
寺田寅彦 1924「地震雑感」（1997『寺田寅彦全集第6巻』岩波書店、初出は『大正大震火災誌』改造社）
寺田寅彦 1933「津波と人間」（1992『寺田寅彦全随筆4』岩波書店、初出は『蒸発皿』岩波書店）
寺田寅彦 1934「天災と国防」（1997『寺田寅彦全集第7巻』岩波書店、初出は『経済往来』第9巻第11号 日本評論社）
寺田寅彦 1936「震災日記より」（1997『寺田寅彦全集第7巻』岩波書店、初出は『橡の実』小山書店）
泊　次郎 2015『日本の地震予知研究130年史―明治期から東日本大震災まで』東京大学出版会
名取市教育委員会 2012『町裏遺跡・鶴巻前遺跡・下増田飯塚古墳群他』名取市文化財調査報告書第60集
平川　南 1982「古代における東北の城柵について」『日本史研究』第236号　日本史研究会
廣瀬真理子 2005「市川橋遺跡第四五次調査出土の木簡について」『市川橋遺跡第45次調査報告書』多賀城市文化財調査報告書第76号
フリッツ, W.J.・ムーア, J.N.（原田憲一訳）1998（原著は1988）『層序学と堆積学の基礎』愛智出版
前田育徳会尊経閣文庫編 2001『類聚国史一 古本 附模写本』尊経閣善本影印集成32 八木書店
松本秀明 1977「仙台付近の海岸平野における微地形分類と地形発達―粒度分析法を用いて」『東北地理』第29巻第4号
松本秀明 1984「海岸平野にみられる浜堤列と完新世後期の海水準変動」『地理学評論』第57巻第10号
松本秀明 2010「仙台平野に残された大洪水および大津波による堆積物とその年代」『第5回年代測定と日本文化研究シンポジウム予稿集』加速器分析研究所
松本秀明 2011「仙台平野に来襲した三回の巨大津波」『季刊東北学』第28

号

松本秀明 2014a「荒井南遺跡の津波堆積物と放射性炭素年代」『荒井南遺跡第1次調査』仙台市文化財調査報告書第425集

松本秀明 2014b「山王遺跡多賀前地区におけるイベント堆積物の粒度分析結果」『山王遺跡Ⅵ—多賀前地区第4次発掘調査報告書』宮城県文化財報告書第235集

松本秀明 2015「荒井西地区の津波堆積物と河川跡埋積堆積物」『中在家南遺跡第6次調査ほか』仙台市文化財調査報告書第434集

松本秀明 2018「高田B遺跡にみられる津波堆積物と噴砂跡」『仙台東災害復旧関連区画整理事業関係遺跡発掘調査報告Ⅱ』仙台市文化財調査報告書第475集

松本秀明・吉田真幸 2010「仙台市東部沓形遺跡にみられる津波堆積部の分布と年代」『沓形遺跡』仙台市文化財調査報告書第363集

松本秀明・遠藤大希 2015「山元町中筋遺跡の土層断面と大型イベント堆積物」『中筋遺跡』山元町文化財調査報告書第10集

箕浦幸治・中谷周・佐藤裕 1987「湖沼底質堆積物中に記録された地震津波の痕跡—青森県市浦村十三付近の湖沼系の例」『地震』第2輯第40巻

箕浦幸治・山田努・平野信一 2014「山王遺跡多賀前地区、市川橋遺跡八幡地区にみられるイベント堆積物の堆積学的・古生物的検討」『山王遺跡Ⅵ—多賀前地区第4次発掘調査報告書』宮城県文化財報告書第235集

宮城県教育委員会 1994『高田B遺跡第2次・3次調査』宮城県文化財調査報告書第164集

宮城県教育委員会 2003『市川橋遺跡』宮城県文化財調査報告書第193集

宮城県教育委員会 2014『山王遺跡Ⅵ—多賀前地区第4次発掘調査報告書』宮城県文化財報告書第235集

宮城県教育委員会・多賀城町 1970『多賀城跡調査報告Ⅰ—多賀城廃寺跡—』

宮城県多賀城跡調査研究所 1980『多賀城跡政庁跡—図録編』

宮城県多賀城跡調査研究所 1982『多賀城跡政庁跡—本文編』

宮城県多賀城跡調査研究所 2013『宮城県多賀城跡調査研究所年報2012 多賀城跡』

武者金吉 1932『地震に伴ふ発光現象の研究及び資料』岩波書店

村上直次郎訳註 1941『ビスカイノ金銀島探検報告』奥川書房

文部科学省他 2006『宮城県沖地震における重点的調査観測（平成17年度）成果報告書』

文部科学省他 2007『宮城県沖地震における重点的調査観測（平成18年度）成果報告書』

文部科学省他 2008『宮城県沖地震における重点的調査観測（平成19年度）

成果報告書』
文部科学省他 2009『宮城県沖地震における重点的調査観測（平成 20 年度）成果報告書』
文部科学省他 2010a『宮城県沖地震における重点的調査観測（平成 21 年度）成果報告書』
文部科学省他 2010b『宮城県沖地震における重点的調査観測平成 17～21 年度総括成果報告書』
柳澤和明 2012「多賀城の墓制―集団墓地と単独墓」『考古学研究』第 58 巻第 4 号
山田隆博 2015「山元町中筋遺跡の津波痕跡」『宮城考古学』第 17 号
山元町教育委員会 2015『中筋遺跡』山元町文化財調査報告書第 10 集
吉田東伍 1906「貞観十一年陸奥府城の震動洪溢」『歴史地理』第 8 巻第 12 号

おわりに

東日本大震災から10年が経とうとしている。この間、被災地の仙台平野において、過去の津波災害を遺跡の発掘調査を通して考えてきた。それによって明らかになったのは、2000年前の弥生時代中期に東日本大震災と同じかあるいはやや大きな地震と津波があったこと、そして『日本三代実録』に記された貞観11年（869）の地震と津波は東日本大震災より小さく、その被害が過大視されていたことである。

しかし、こうした遺跡の地層中に残された災害の痕跡にもとづく研究成果は、日本列島では他に明確には認められていない。そして、海外においても、地中海地域で研究が進められてきた、3500年前のサントリーニ島の火山噴火に伴う津波災害も、いくつか学説があり、津波堆積物の存否も検討課題となっている。この点について、2018年にデンマークのオーフス大学で開かれたシンポジウム「大災害の諸相―考古学的な視点から」では、サントリーニ島から南へ100km離れたクレタ島で調査を行ってきたベルギーのルーヴァン・カソリック大学のジャン・ドリーセン先生が、最新の調査においても、津波堆積物を明らかにできていないと発表している。シンポジウムでは、津波災害の発表は、他に私だけだったせいか、ドリーセン先生も仙台平野の研究に関心をもってくれたことから、有意義な意見交換を行い、クレタ島の調査・研究の進展を祈念した。また、シンポジウムを主催したオーフス大学のフェリックス・リード先生によると、過去の災害を研究した論文数（英文）は2000年代に入って増加の一途を辿っており、インド洋津波の翌年の2005年に500件ほどに増え、2017年には2500件を超えているという。各発表は、そうした研究の高まりを反映して、現代の災害対応として、情報伝達、復興政策、エネルギー供給、そして原子力についても議論がなされた。このシンポジウムが提示したのは、災害考古学の枠組みである。その基本は、遺跡の調査から過去の突発的な災害への対応を復元し、遺跡を含めて長期的で広域的な環境変化への人間の活動の適応形態を明らかにし、それらを現代の災害対応に生かしていくことにある。

日本でも、近年の気象災害・地震災害への対応、南海トラフ地震を始めとする防災・減災において、過去の災害へ目を向けることが求められるようになっている。

「今を見つめ、未来を考えるとき、過去をよく知る必要がある。」

考古学や文献史学といった歴史学分野の基本的な考え方であるが、東日本大震災以降、津波災害痕跡の調査・研究を通じて、あらためて学んだように思う。

ここ10年、津波災害痕跡研究において、東京都立大学の出穂雅実先生、ロンドン大学のジナ・バーンズ先生、東北学院大学の松本秀明先生、立命館大学の北原糸子先生には、貴重なご教示をいただきました。深く感謝いたします。

また、常日頃、寓居での研究活動を温かく見守ってくれている妻真由美に感謝の気持ちを伝えたい。ありがとう。

最後に、本書は、拙著『津波災害痕跡の考古学的研究』（2017年9月同成社刊行）をもとに、内容を仙台平野の調査・研究を中心として、新たに稿を起こして再構成したものです。同成社の工藤龍平さんには、今回の出版においても大変お世話になりました。心より感謝いたします。

2020年初冬　　震災から10年を前に、仙台平野の緑庵において

著者記す

市民の考古学⑰

東日本大震災と遺跡に学ぶ津波防災

■著者略歴■

斎野裕彦（さいの・ひろひこ）

1956年　宮城県岩沼市生まれ

東北学院大学文学部史学科卒。博士（考古学）。仙台市教育委員会で埋蔵文化財行政を担当

現在、仙台市教育委員会文化財課（再任用）　埋蔵文化財行政（専門員）

東京都立大学非常勤講師（考古学）

〔主な著作〕

『富沢遺跡―東北の旧石器野営跡と湿地林環境』日本の遺跡50、同成社、2015年。「貞観地震からの復興」『日本人は大災害をどう乗り越えたのか』朝日選書959、文化庁編、2017年。「津波災害痕跡研究の実践」『理論考古学の実践』同成社、2017年。『津波災害痕跡の考古学的研究』同成社、2017年。

2021年 3 月11日発行

著　者　斎 野 裕 彦

発行者　山 脇 由 紀 子

印　刷　㈱ ディ グ

製　本　協 栄 製 本 ㈱

発行所　東京都千代田区飯田橋4-4-8　(〒102-0072) 東京中央ビル　TEL 03-3239-1467　振替 00140-0-20618　㈱ 同 成 社

ISBN978-4-88621-860-5 C1320

市民の考古学　既刊書